愛的教育 零體罰

life

生命・生活・生涯

精神・活力・新生

發現生命的價值　肯定生命的可貴

國家圖書館出版品預行編目資料

愛的教育零體罰／黃啟域著.——初版一刷.——臺北市：三民，2010
面；　公分.——(LIFE系列)

ISBN 978-957-14-5307-1　(平裝)

1.體罰

527.345　　99000366

著作人	黃啟域
發行人	劉振強
發行所	三民書局股份有限公司 地址　臺北市復興北路386號 電話　(02)25006600 郵撥帳號　0009998-5
門市部	(復北店)臺北市復興北路386號 (重南店)臺北市重慶南路一段61號
出版日期	初版一刷　2010年2月
編號	S 521090

行政院新聞局登記證局版臺業字第〇二〇〇號

ISBN 978-957-14-5307-1　(平裝)

http://www.sanmin.com.tw　三民網路書店

叢書出版緣起

現代人處在緊張、繁忙的生活步調中，在承受過度心理壓力而不自知的情況下，逐漸形成生理與心理疾病，例如憂鬱、躁鬱、失眠等，這種種的問題，不僅呈現在個人的身心層面，更可能演變成為家庭破碎的悲劇，甚至耗費莫大的社會成本。我們從近年來發生的自殺、家暴、卡債族、失業問題等種種新聞中，不難發現問題的嚴重性，這些可能正發生在你我身邊的真實生命故事，也讓許多人不禁發出「我們的社會究竟怎麼了」的喟嘆！

面對著一個個受苦而無助的靈魂，我們能夠為他們做些什麼？而身為對社會具有責任的文化出版者，我們又能為社會做些什麼？這一連串的觀察與思考，促使我們更深刻地反省，並澄清我們的意念，釐清我們想帶給社會一些什麼樣的東西，讓臺灣的社會，朝向一個更美好、更有希望，及更理想的未來。以此為基礎，我們企畫了【LIFE】系列叢書，邀集在心理學、醫學、輔導、教育、社工等各領域中學有專精的專家學者，共同為社會盡一分心力，提供社會大眾以更嶄新的眼光、更深層的思考，重新認識自己並關懷他人，進而發現生命的價值，肯定生命的可貴。

要解決問題，必須先面對問題、瞭解問題，更要能超越問題。從這個角度出發，【LIFE】系列叢書透過「預防性」與「治療性」兩種角度，對現代人所遭遇的心理與現實困境，提出最專業的協助，給予最真心的支持。跳脫一般市面上的心理勵志書籍、或一般讀物所宣稱「神奇」、「速成」的效用，本叢書重視知識的可信度與嚴謹性，並強調文字的易讀性與親切感，除了使讀者獲得正確的知識，更期待能轉化知識為正向、積極的生活行動力。

值得一提的是，參與寫作的每位學者，不僅在學界與實務界學有專精，最令人感動的是，在邀稿過程中，他們與三民同樣抱持著對人類社會的理想與熱情，不計較稿酬的多少，願對人們的身心安頓進行關照，共同發心為臺灣社會來打拼。我們深切地期望三民【LIFE】系列叢書，能成為現代人的心靈良伴，讓我們透過閱讀，擁有更健康、更美好的人生。

三民書局編輯部 謹識

推薦序 1

臺北市教育局局長　康宗虎

接獲黃啟域先生所撰之《愛的教育零體罰》一書，對黃老師在國小教師退休後，長期關心教育，集結教職期間數十年的教學經驗心得，深表敬佩。教育工作者若能學習黃老師退而不休、終身學習的精神，必能成為學生身教言教的典範。

細讀文稿，深佩黃老師以此書傳達「零體罰」之教學經驗，分享教師班級經營和具體作法，與本局多年來推動零體罰之理念一致，值得提供親師之參考。黃老師持續為教育奉獻心力，所展現的教育大愛，令人感佩。

「退休」對黃老師而言，不僅代表頤養天年，更像展開一份需要全心經營的事業，恭喜黃老師完成大作，更期待黃老師的熱情與專業，能感動更多的人，讓黃老師的人生經驗能永續傳承下去。

推薦序 2

臺北社區大學英語教師　魏彩密

你相信嗎？有人養育三個孩子，從小到大，從未罵過、打過，孩子們卻都懂事又孝順，兄弟姊妹之間從未發生爭執，讀書、工作的表現也都非常優異。這個人擔任國小教職數十年，也從未體罰過學生，難得的是他任教的班級都秩序良好、成績優異，常常獲得班級間各項大小比賽的優勝。

真的有這樣的一個人嗎？他就是本書的作者——黃啟域老師。黃老師自國小教職退休後就加入社區大學英語班進修，不久就被同學推選為班長，並連任多屆，期間給我很多協助，也在教學方面提出許多寶貴的意見，使我獲益良多。

下課後，我常和一些自教職退休的同學隨意地談論教學問題，有人說，現在的孩子嬌貴不好教，有人說，書好教、人不好教……，無意之間，顯示出不少父母和教師都以自己為中心，希望子女和學生隨著他的指揮棒而舞動。黃啟域老師的想法卻與眾不同，他對於幼兒和學童的教育有精闢的見解和獨到的作為，而且胸懷大愛與慈悲心，不時流露出對兒女和學生的疼惜與關愛。他認為每個孩子都是上天的恩賜，是父母的心肝寶貝，父母師長除了給予孩子照顧和教導，還要容忍他們的無知，包容他們的錯誤，引導他們走向光明大道。

黃老師已屆高齡、視力也不好，在親友和學生的鼓勵下，僅憑一枝筆，以半年的時間寫下近十萬字的《愛的教育零體罰》一書，他的記憶力和毅力，實在不輸年輕人。本書甫寫成未經編排時，黃老師就送一份書稿給我看，教養的過程雖是老生常談，但細看之後卻發現每個小地方都有黃老師的用心與智慧，所以我幾乎是一口氣把書看完的。

黃老師與他人最大的不同，就是他以兒女與學生為主體，工作要求和教學活動都依據孩子的天性，把枯燥乏味的工作變成有趣的活動。黃老師自創的金、銀、銅牌獎勵辦法，讓每個學生對各種教學活動都能高高興興地參與，而且可以得到良好的效果；「四人值週」有如執政小組的經營教室方式，更是獲得多方面的好成效。黃老師具有心算專長，每樣工作或活動，似乎都經過精算，無論上課時間、作業交代、成果驗收都做得相當好，就連期末頒獎，也是以最少的花費來達到鼓勵全班學生的最佳效果。

黃老師把班級經營得像個大家庭，在本書中，他以前的學生吳憲德院長說：「老師視學生如子女」；臺銀高級襄理呂玉玲說：「老師比『母親還母親』」，在在印證了黃老師對學生的好與修養的高竿。本書中有很多實例，如黃老師請學生到家裡住以準備聯考、被學生嚇得幾乎下不了臺卻能以一句話化解的故事等等，一則則教學啟示更是發人深省。

黃老師不打罵兒女，也不體罰學生，卻又能把孩子們教得如此優秀，彼此每天都在輕鬆愉快的教養氣氛中度過，這正是所有師長與孩子們想要的生活方式。相信本書不只能作為父母、教師們的參考，一般讀者看了也能相當受益。

推薦序 3

臺灣大學機械工程學系教授　陳明新

黃老師是我小學五、六年級的導師，現已高齡八十，他將其數十年身為小學老師及為人父母的經驗，匯集成書。本書特點如書名所示，內容在講述如何以愛的教育達到零體罰。

零體罰雖是許多父母及老師的理想，但每每苦於難以實現。黃老師卻能完全實現零體罰的理念，教育出優秀的學生與兒女。何以致之？黃老師書中描述的方法可歸納為以下四個原則：

一、誘導的教育：不是用權威、壓迫、急功近利來達到教育的目的，而是以愛心、鼓勵、遊戲來引導學習的動機，以及良好的生活習慣。

二、善巧方便：前述誘導的教育是原則，但如何實行則需要許多善巧方便的方法實現於學校或家庭的生活中。黃老師以其樂觀的個性、豐富的生活經驗及人生智慧，創造出許多善巧的方法，寓教育於遊戲。

三、耐心與包容：即使有前述的善巧方便，孩子也不見得完全能受教。或因懵懂無知、或因頑皮叛逆，偶爾仍會衝撞老師或父母。這時老師或父母就必須以成熟的個性及良好的情緒管理，來面對這種衝突，同時並要包容孩子的獨立性，尊重他們各自發展的天性，不強加要求。

四、大愛而非只是愛才：黃老師的教育原則是「不放棄任何一個人」，天資再怎麼差的同學，也要鼓勵他，讓他達到最基本的要求。當再怎麼不聽話的學生得到鼓勵及尊重時，也自然會往正面的方向發展。他對天資好的同學也不溺愛，更從不比較學生間的成就，一律以公平對待。

以上三、四項為愛心使然，一、二項為智慧使然。徒有愛心，缺乏智慧的方法，不足以成事；缺乏愛心，則無法教育出人格健全的孩子。愛心與智慧，缺一不可。

黃老師從小在農村鄉下長大，影響所及，年長以後，如書中老師的自述，仍帶有一些鄉土氣。但在看完全書以後，會覺得老師是大智若愚。老師有非常豐富的智慧與愛心，才能在數十年的學校及家庭教育中達到零體罰。黃老師的經驗，可作為各級學校老師及為人父母者許多寶貴的示範及啟示，留待讀者由書中自行發掘。

推薦序 4

臺灣大學應用力學研究所教授　吳政忠

黃啟域老師是我太太（詹永嬌）的小學老師。回國二十多年，時常聽太太提起黃老師對學生無微不至的照顧，且不因他們的畢業而有稍減。黃老師，能受到畢業學生如此懷念與尊敬，相當不易，也代表了他在教學上的成功。此次，黃老師退休後，能將過去零體罰的教學理念與心得，編撰成書，令人相當感佩。本書提供了年輕父母與老師一個相當寶貴的參考。

自序

目前全世界已經有一百三十多個國家立法嚴禁教師不當體罰學生，但是校園體罰還是時常發生。體罰不是一件令人愉快的事情，稍一不慎，對受罰的兒女和學生的身心恐將造成無可彌補的傷害，對施罰者（父母、教師）的心情也會產生激動與不快，更可慮的是將會影響到曾受體罰的未成年人身心，以及長大後對人際間的態度與行為。

從校園體罰來看，教師因不滿學生的某些行為或表現而對學生施行體罰，政府則制訂法律處罰體罰學生的教師，還有家長和民間團體熱心地從旁監督。政府和民間團體的努力，對減少校園體罰確實產生了很大的效果，但是以罰止罰只是一種消極的作法。依個人淺見，消除體罰應採取更積極的作為，去除造成體罰的原因，並且須從每個家庭開始做起。

一個不用體罰管教兒女的家庭所教出來的孩子，進入校園後一定很少受罰，長大進入社會也會與人和諧相處，不會隨便動粗。不體罰並非不管教或一味討好，而是改進管教技巧，以期達到更好的效果。首先，父母和教師須先調整主觀和急躁的心態，多些耐性與包容心，凡事以身作則，甚至有時還要為兒女（學生）作點小小的犧牲，只要用心，不體罰也能達到不怒而威的效果。

我小時候未曾受罰，同輩兄弟也無紛爭，自己成家後有了兒女也從不以體罰管教他們。雖然兒女小時候還是會頑皮、不懂事，自己也曾因不體罰的理念承受妻子和親友的壓力，但我還是堅持以鼓勵合理要求的方式管教兒女，因此家中從未發生氣氛緊張的情形。現在兒女們都已長大，雖無特出表現，但是他們各自都有一份安定的工作，平時安分守紀，與同事相處融洽，家中一團和氣。

我在學校當班級導師時也是抱持同樣的態度，把學生視同家中兒女，不同的是班級人數眾多，每個人的資質和習性差異非常大，小孩子又天生好玩、缺少耐性，如何誘導他們自動自發、勤學守秩序、爭取榮譽，這個問題曾令我思考良久，希望找出一些不同的想法和作法。於是我針對小孩子好玩又愛受稱讚的天性，把很多枯燥呆板的事情，轉化成生動有趣的活動，並且訂定獎勵辦法。例如我把鼓勵兒女儲蓄和學校班級隨堂小考，設計成在玩遊戲，到最後孩子們都樂於學習，有時想不考試學生還不同意！

不少人認為體育班的學生頑皮難帶，我曾擔任體育班導師兩年，覺得體育班的孩子直率有感情，非常好帶。在任教的兩年中，我也不曾體罰過任何一個學生，每次到班級上課就像去赴一次快樂的聚會，面對五十多個天使般的未來主人翁，看他們可愛又專心的樣子，使我更加認真授課。可貴的是師生都在學習中得到了快樂，後來到了學期末退休，好多同學到辦公室獻花，使我感動得幾乎掉淚！

學生畢業離開母校，我把他們看成長大了的兒女，如果他們需要幫忙，自己又有能力，一定會盡力相助。所謂相助，也許只是一次坦誠的交談，只要孩子信得過，或許一次交談就可以改變一個年輕人的命運，其他的幫助也是一樣的，在本書中，我舉出幾個實例供大家參考。

看到時下一般年輕人流行晚婚或不婚，結了婚的又不生孩子或生得很少，而這些人大部分都是受過高等教育的精英，如長此下去，不只影響人口素質，恐怕有一天在街頭巷尾所見將盡是龍鍾老人。很多人說年輕人都很單純，但在結婚這件事上，他們倒是想得很多，顧慮也多，並且閃躲畏縮。因此我特地在家庭篇最前面，寫出自己當時在一無所有之下結婚，婚後不到四年連生三個孩子，而且生活日漸改善，家庭幸福美滿的真實故事，用意在鼓勵年輕人結婚，享受快樂甜美的家庭生活。

今天不自量力地把個人的經驗寫出來供大家分享，希望父母閱讀之後可以了解兒女在學校活動概況，新進教師在面臨教學與管教困境時或許可以減少摸索時間，更重要的是，父母和老師都能找到一個不體罰的教養方式，大家一起來消除體罰。只要家庭、校園沒有體罰，假以時日必可塑造一個溫馨和諧的美好社會！

黃啟域

愛的教育零體罰

目次

推薦序1 臺北市教育局局長 康宗虎

推薦序2 臺北社區大學英語教師 魏彩密

推薦序3 臺灣大學機械工程學系教授 陳明新

推薦序4 臺灣大學應用力學研究所教授 吳政忠

自序

體罰問題篇

★淺談體罰 2

★體罰的方式與現況 4

★造成體罰的原因 7
★體罰的不良影響 10

家庭教育篇

★在窮困中結婚生兒育女 14
★化壓力為動力的教養方式 21
★不體罰兒女的緣由與成效 24
★窮困生活的教養之道 27
★公平公正對待每個兒女 34
★與兒女一同學習、一起成長 40
★與兒女一起過簡樸生活，培養節儉儲蓄的好習慣 43
★開設爸爸銀行，教導孩子把錢用在最適當的地方 46
★作兒女的義務秘書，幫兒女理財 48

★察言觀色了解兒女的心事、舉止，不動聲色幫兒女解決難題 51

學校教育篇

★教師的六項功課 64
★使教學活動生動有趣的幾種輔佐作法 74
★教室像個大家庭 85
★老師的身教與言教 95
★作業的交代與處理 101
★關於考試 108
★關於獎懲 113
★我與體育班學生 120
★談師生之間的相處 122

學生回饋篇

老師視學生如子女，只鼓勵不體罰　吳憲德　132
感謝老師數十年的關懷與鼓勵　詹永嬌　135
比「媽媽」還「媽媽」的老師　呂玉玲　138
幸福的起點　劉文彬　140

對於零體罰的幾點建議

143

附錄

為孩子們說故事　150

體罰問題篇

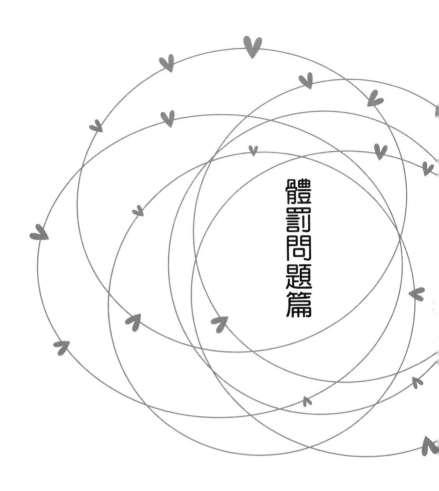

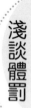

淺談體罰

男女結婚組織家庭，生男育女繁衍後代，使人類生命得以延續，科學、文化能夠永遠傳承。人類世代交替，能夠從野蠻進化到文明，得歸功於父母和教師的經驗傳承與教化，不過在教化過程中由於對後輩的要求越來越高，因而衍生了體罰問題。

對幼兒和未成年學生施行體罰，不管什麼理由，現在都被大家認為是一種不好的作法，因為它會傷害到幼童和學生的身心，同時也影響他們未來人格的健全發展。然而父母體罰兒女，可說天天都在發生，只要不是虐待或造成傷害，他人完全無權干涉；而教師體罰學生的問題，現在全世界已經有一百三十幾個國家先後立法嚴格禁止，臺灣也於近年經過立法程序制頒法律嚴禁，同時各地方政府也配合法律制訂行政罰則，對體罰學生的教師視情節輕重給予記過、免職等嚴厲的處分。重罰之下，校園體罰事件減少了，可惜並未完全根絕。

十五歲以下的學生在成長過程中，難免會有一些不合常規的行為，因此有些國家為了矯正他們的行為，認為體罰是個必要之惡，並且想把體罰所造成的傷害控制在一定的範圍之內，特別在校內設置體罰室，由專人執行體罰（打人）。國內有一些人頗贊同此一作法，個人則認為此種作法並不是很適當，舉個不太好的比喻，這如同把犯人（犯錯學生）押赴刑場（體罰室），由劊子手（專人）行刑（體罰）一樣，用此種方式來對待一個心智尚未成熟的學生，對一個未成年人的身心將不知造成多大的傷害？他們以後長大進入社會不知又將以什麼樣的態度對待他人？

體罰不是一件愉快的事情，父母和教師會用體罰管教兒女和學生，恐怕也是情非得已，但是既然有很多人認為體罰不好，政府又有法令嚴禁，就不應再用體罰管教兒女和學生，而是要多費心思找出一個不體罰也能教好兒女和學生的好方法。讓孩子在一個溫馨和諧的環境中學習、成長。

體罰的方式與現況

父母體罰兒女，教師體罰學生，體罰問題可說是世界性的，雖然很多國家立法嚴禁校園體罰，但是教師體罰學生的事件還是不時發生。受罰的孩子大多是國小一年級至國中九年級的學生，這是一群懵懂無知又喜歡衝撞的幼童和少年。

體罰的方式很多，概略可分為肉體、精神、集體、個別等方面。肉體方面在使受罰者感受痛苦或疲勞，如鞭打、手擊、久站、跑、跳等。精神方面在使受罰者受辱，如辱罵、譏諷、歧視、口頭威脅。不過很多體罰都是肉體和精神兼具的，當眾受罰是既痛苦又受辱。

體罰以個別方式為最多，集體體罰是因班級某項表現不合老師要求或秩序不好而受罰，例如全班被罰跑操場跑到體力不支，如果由老師帶全班跑操場幾圈是正常體育活動，不算是體罰。

曾受父母或老師體罰情形調查統計表

調查人數：1105 人　　　　填寫日期：98 年 4 月 20 日～98 年 5 月 10 日

	家庭	國小	國中
1.怒罵	815	684	750
2.譏諷	286	219	310
3.口頭威脅	448	284	400
4.罰久站	297	658	336
5.罰跪	283	84	110
6.罰跑操場	16	231	309
7.罰青蛙跳	28	182	329
8.罰交互蹲	22	113	179
9.疲勞抄寫	144	224	603
10.鞭打	295	75	83
11.打耳光	471	216	381
12.拳打腳踢	117	34	28
13.丟書本、教具	216	308	399
14.其他	8	4	12

上表是一張調查學生們在家庭和分別在國小、國中受到體罰種類的統計表，接受調查的是二所公立高中和二所私立高職，二十四個班共一千一百零五個學生。調查方式非常簡單，學生就表列各欄中曾受過體罰項目舉手，再由老師清點後記下人數。

由於調查的都是以前的事情，與體罰有關的人又都不在場，因此學生可以自由表達、不受任何干擾；表列體罰的種類項目是筆者個人憑經驗把常見體罰方式列舉出來，但是這份調查並未設計成個別問卷，也許不具備測驗統計上的信度與效度，不過應該也能提供給我們一個關於體罰現況的參考。

驟看表列數字讓人覺得家庭和學校體罰都非常嚴重，其實若詳細分析倒也未必，父母、老師嚴訓幾句，兒女、學生可能認為就是罵，還有適當體罰和不當體罰的界定認知也有不同，更何況表列數據調查的是很多年以前的事情，難免與實際情形有所落差。不過下跪、打耳光是非常明確的不當體罰，是一種羞辱，它傷害到受罰者的尊嚴，至於拳打腳踢則更加明確地絕對是一種暴力。

無論如何，從調查表可看出，體罰確實還存在於家庭和校園中，雖然有可能比起以前狀況已經改善很多，但其實只要父母、老師多費些心思與耐性，體罰是沒有必要的，絕對是可以避免的。

造成體罰的原因

歸根究底，造成體罰的原因大約有以下幾種：

1. 父母或老師的要求標準過高，沒有考慮到孩子能否負荷，深信「玉不琢不成器」的道理，以高標準要求孩子，只要沒有達成交代任務或考試成績達不到高標，即行體罰，稍有不當行為也是一樣，而且只有奉行一個標準，而這標準，往往是父母或老師自己訂定出來的。

2. 只要孩子生活秩序不良，成績欠佳，或犯點小差錯等即予以體罰，卻沒有檢討問題背後的真正原因。其實孩子生活秩序不良也許是父母或教師管教不當；孩子成績不好，則可能是老師教學方法有待改進。孩子犯點小錯也許只是無心之過，應先找出原因再行處理，其實根本不必用體罰來解決問題。

3. 父母或師長想要讓自身的期望立即見效，所以用體罰樹立威嚴。如班級秩序不好，只要處罰幾位不守規矩的學生，可能全班立即鴉雀無聲，井然有序。殺雞儆猴雖然有效果，不過使用體罰讓學生懼怕，並不是一個好方法。

下表是一張調查高中職學生在家庭、國小、國中受罰種類情形時，一起調查的「學生受罰原因調查統計表」。從表內統計來觀察，最常受到體罰的前三名原因是：頂嘴、成績不好、不交作業。成績不好與不交作業有關聯，學生成績不好時被訓被罰，心不服就會頂嘴；其次是說謊、不守秩序、打架等。其實只要把秩序維持好，其他問題或許就自然消失了。至於怎麼

學生受罰原因調查統計表

調查人數：1105 人　　填寫日期：98 年 4 月 20 日～98 年 5 月 10 日

原因	人數	原因	人數
1.頂嘴	546	9.不交作業	406
2.說謊	348	10.考試作弊	109
3.罵人說髒話	229	11.成績不好	496
4.掉東西	161	12.打架	232
5.弄壞衣物	46	13.不守秩序	287
6.亂花錢	156	14.交壞朋友	94
7.拿別人東西	103	15.其他	139
8.不守時	235		

樣消除幼童和學生的受罰原因，後面再作詳述。

體罰的不良影響

會發生校園體罰事件，多起因於學生某些行為不當或某些表現達不到老師要求的標準，導致老師一時心急下情緒失控而產生，結果使學生身心受到創傷，老師也後悔自責。若嚴重到造成學生的身體傷害，演變成法律事件，師生對簿公堂，更使老師的尊嚴喪盡；如被判有罪，入獄賠款，從此離開教育界，更喪失了聲譽，真是後悔莫及。更嚴重的傷害是在學生幼小的心靈中留下不良的影響，誤認打罵可以解決問題，制服弱者，長大後也以不文明方式對待他人，包括他未來的兒女或學生，那麼體罰將世代相傳。

值得思考的是，在家中常受罰的孩子到了學校，是否也容易犯錯受罰？在家庭和學校都常受罰的孩子長大後進入社會，是否較會以急迫激烈的方式處理問題？會使用體罰方式管教兒女和學生的父母和教師，是否小時候都是在嚴肅的體罰環境中成長，潛意識裡誤認體罰具有速效？……這些似乎還沒有相關學者做過深入地研究探討。但是，一個成長在不體罰的家庭中的孩子，進入學校後較能自愛自重，長大後進入社會，也較能以理性的態度對待他人和處理問題，應該是可以確定的。

體罰對孩子、父母、教師都不是一件愉快的事情。家庭和樂、美滿、幸福，校園和諧、一片歡樂，才是大家期求的理想。想要達到這個理想，我認為父母和教師應該先改掉一些急躁火爆、求好心切的處事態度，並體認孩子天生好玩又會犯錯的事實，多些耐心，多想解決方法，因為與孩子一起成長，和孩子一起學習，本身就是非常快樂的事情。讓我們從家庭做起，家庭沒有體罰，校園也慢慢消除體罰，時間久了，也許大人世界也不再有紛爭，進而讓世界成為一個理性和平的大社會。

家庭教育篇

在窮困中結婚生兒育女

「男大當婚，女大當嫁」的傳統說法，似乎已經不被一些年輕人接受，他們只重視個人不受羈絆的自在生活，有人選擇不結婚，有人結了婚選擇不生兒女或者生得很少。但是家是一個人的安樂窩，是我們的避風港，是構成國家社會的最基本元素，有了家人們的支持，個人才能過著幸福生活，國家社會也才能進步、發展。

以前的人想法比較傳統，無論生活再苦也要結婚，成家生育兒女。回想我於民國五十七年和妻子官紫竹小姐結婚時，每月教書薪資只有約新臺幣一千元，以及僅存很少的積蓄，其餘住房、車子等一切物質資源都沒有。由於收入實在很少，量入為出只能租一間眷村加蓋的小違章建築當住房，沒有廚房和廁所，小房內擺一張床，一個小衣櫥，一臺裁縫車兼飯桌也兼書桌，一個燒飯煤油爐和一個木製的碗櫥，吃睡等一切生活活動都在一間小矮房內，真是很窮酸。好在我們夫妻倆都吃過苦而且不怕苦，加上都喜歡小孩，婚後不到兩年就在陋巷矮房中生下第一個孩子。

我的妻子在很小的時候就失去了母親，我在臺灣又沒有親人，當時公教人員也沒有陪產假，一切都要靠自己，於是孩子出生後，我就照著妻子的意見，下班時自己煮些產婦吃的東西到醫院陪伴妻兒。

一星期後妻子出院回家，我還是照常上班，早晨照妻的意思買好產婦吃的東西，並洗淨切好由妻自己烹煮，待我傍晚回家後再清洗衣服、尿布，準備晚餐。兒子剛出生時白天睡得多、晚上睡得少，不睡時會哭鬧，讓忙碌的父母無法好好休息，但是我們知道，嬰兒只能用哭來表達情緒，哭了表示肚子餓或者尿濕了，一定有其原因，所以我們很有耐心地滿足他、安撫他，並慢慢調整他的作息，絕不會因孩子哭鬧妨礙大人休息而煩躁生氣。

由於妻子沒有半滴奶水，沖泡牛奶又增添了一些工作。有人說：「有子萬事足」，日子就在忙亂又愉快中度過，孩子一個自然的微笑，就讓我們夫妻倆樂半天，看孩子一天比一天長大，表達情緒的方式變多，笑得更燦爛，我們也樂得忘了身心的勞累與日子的窮酸。

回想起在結婚生小孩這件事上，我們真有夠大膽又勇敢。老大還不會走路，接著我們又生老二，正如俗語所說：「船到橋頭自然直」，在忙亂無緒的生活中，我們愉快地迎接家中的新成員——女兒。我的妻子出院回家後要照顧剛出生的女兒，又要照顧還不會走路的兒子，這時產後身體還虛弱，忙亂勞累，可想而知。以當時收入想要雇人幫忙無能力，要我向學校請假不可能，因為同事們全都有自己的課程，無人可代理，私事也不能向校外請代課，自己出代課費也不合規定，何況自己根本也無能力支付。不得已才請岳父從新竹北上幫忙照顧老大。

岳父是個對家事毫無概念的人。記得有一回，當我從學校回家，看到老大竟上身赤裸沾滿泥沙，睡在鋪著舊報紙的床上。除了岳父之外，有時我們也會請朋友幫忙，有一次請朋友幫忙照顧孩子一天，孩子竟一直哭喚要媽媽，朋友不得已只好帶兒子到馬路旁等媽媽，但兒子還是不停的嚎啕大哭……。那段日子是怎樣度過的，現在已經無法全部記得。

不久同事邀我們合租一層三房二廳的公寓，一家住一房，另一房分租出去，廚廁共用，如此都是為了節省開支，生活品質才稍獲改善。我們的次子就是在此出生的，從大兒子出世到生三兒，相距只有三年五個月，要不是當年政府大力提倡節育，喊出「兩個恰恰好，一個不嫌少」的口號，學校保健室還宣導「已婚男女教師和職員節育」，說不定我們還會生老四、老五，因為我們夫妻倆都喜歡孩子，不怕窮也不怕苦。

收入少，住得不像樣，但我們並不自卑，記得剛結婚時還住在那個小違建裡，當時兒女還未出生，我曾數次邀請學生們到家中包水餃，也有一次和五、六位年輕同事們到烏來遊玩後，邀請他們到家中吃稀飯。俗語說：「人情好，喝水甜」，在那個大家都過苦日子的年代，不像樣的招待也能博得賓主盡歡，主人不自穢，客人不嫌棄。

那時候三個年幼的孩子都要喝牛奶，每月又要付房租，加上生活所需費用之大可想而知，好在我們夫妻倆都能吃苦、會節省，一切以孩子的健康成長為首要考慮，三個孩子其中一個喝的牛奶還是當時最貴的S26。

妻子專職在家帶孩子，我則利用夜晚和假日兼家教，也教失學民眾識字班。記得女兒快要出生時，剛領回識字班半年鐘點費共新臺幣三千六百元，準備做生產的費用，想不到沒有良心的小偷竟利用妻子到市場買菜的時候扭壞小銅鎖，把我藏在衣櫥內數個口袋共三千六百元搜刮一空。那可是我的辛苦錢，想到我每週一、三、五晚上從住處騎半小時腳踏車，到學校上課二小時後回家，風雨無阻，辛苦半年要做妻子生產的費用，竟然被竊賊一下子摸走，真是生氣又懊惱，但也無可奈何！

我在外兼差當家教時也曾受窘，由於學生是讀當時出名的私立小學，爸爸是一家大旅行社經理，媽媽是私立小學低年級老師。這對家長非常客氣，上課時學生的媽媽常坐在兒子旁邊，每次由學生自行準備最少二十題以上的數學應用題，都是學生事前自己抄寫在數學簿上，上課時學生先做此二十題，不會就問。因不知題目從何處來，上課前無從準備，完全要看老師現場解題功力。

曾有一次遇到一題拐彎抹角的難題，我一時看不出題目的竅門，解不出來，很不好意思的告訴學生老師一時解不出來，下課就邊走邊想，走到下一層樓梯時突然想出來，又回頭為學生講解。這時感覺到家教鐘點費實在不好賺。

隨著經濟日趨繁榮，軍公教薪資每年都有調整，自己努力兼家教，妻子則盡力節省家用開支，除了孩子所需，其餘可省就省，過了幾年，居然有點小積蓄。此時我大膽訂下一間預售屋，是一戶二房二廳二十餘坪的小公寓，房價新臺幣二十三萬七千元，一開工就大漲價，等完工遷入已是原價的二倍，東挪西借付清自備款新臺幣十三萬七千元，兩個房間自己住一間，全家五個人睡兩層鐵床的下層，上層擺放衣物，另一間出租，以房租和節省的生活費付房屋貸款。家裡除了購置生活所需簡單設備，再也沒有餘錢可供裝潢，但是真正有了自己的家，全家大小都感到快樂幸福。

教養心配方

人窮志不窮，收入少、生活清苦，不必妄自菲薄、自怨自憐，更不可圖謀非分，以不正當的方式增加收入、過好日子。

收入少有收入少的生活方式，認清自己的處境，只要能量入為出，自尊自重，照樣可以活得健康、快樂，受人尊敬。

在窮困中打拼，憑能力開源節流，收入較多時，把多出的錢儲蓄起來，只要持之以恆，假以時日必可脫離貧困，漸入佳境。

化壓力為動力的教養方式

兒女是父母的骨肉，也是父母生命的延續，普天之下所有的父母都疼愛他們的兒女，盡力維護兒女的健康，費心栽培兒女，讓兒女接受良好的教育，期望兒女長大學成進入社會，服務人群。

「天下父母心」，我的想法和天底下所有父母是一樣的。我婚後三個孩子接連出生，開銷日益增加，收入卻始終不多，但是為了兒女身心的健全發展，一切都以兒女的需要為第一優先，讓兒女得到最好的照護與成長。

我特別重視兒女的健康和教育，或許與我自己小時候的窮困境遇有關。我生長在一個窮困的農村，醫療、教育等設施都非常落後，無論大人或小孩，生小病都是等它自癒，大病則需到十幾里路外求醫，若依目前的醫療水準，那個醫生還可能是不合格的無照醫師。

當時教育設施方面的落後，也幾乎到了令人吃驚的程度，一個鄉內只有幾所中心國民小學有六年級，其餘各村只辦到五年級，而且很多村的學校都沒有校舍，必須借用宗族祠堂上課。大部分班級一個年級只有一個班，班與班之間只劃分一個固定的區塊，沒有牆壁隔開，入學時學生須自備課桌椅到校上課，待學期結束再搬回家。同年級的學生年齡差距大，而且常會請假。教師則沒有資格限制。看來我小時候所讀的學校算是一所不像學校的學校。

我喜歡讀書是天生的，能夠適齡入學則是向父母力爭才得以如願。雖然上學時間時斷時續，所幸家中有數大木箱藏書，其中最多的是歷代章回小說，其次有木刻版《幼學瓊林》，手抄雜詩等，這些書稍微彌補了我的求知欲望。我常利用零碎的時間在昏暗小煤油燈下讀完所有藏書，也背完《幼學瓊林》和一些雜文，但是進學校讀書的畫面還是時常在夢境中出現，所以自號「書夢」、「夢書」。

後來參加高中學力鑑定及格，考進師範學校就讀，才算圓了小時候的夢想，在校時分秒必爭，專心苦讀，以第一名畢業派任教職。

我生長在窮困的農村，在苦難中成長，在艱困中苦學，其中辛酸，絕非一般人所能想像，所以結婚有了孩子以後，下定決心，無論如何一定要提供孩子們一個良好的學習環境，讓他們專心學習，同時也督促孩子們要努力學習，孩子們似乎感受到不小的壓力，我說：「有壓力才會努力」，聰明的人，把壓力轉化成動力，並加足馬力往前衝刺。

我雖然鼓勵孩子們努力，但是從不苛求他們達到什麼樣的好成績，只要他們專心、盡力，而且從不斥責、打罵。在將考試的緊要時刻，有時孩子們會偷溜去看幾分鐘的漫畫，我也假裝不知道。孩子成長的過程，就是在這一份鼓勵、包容與用心的愛，來適時地引導。

不體罰兒女的緣由與成效

小孩子剛生下來什麼都不能自理，吃、喝、拉、撒等都要靠父母的細心照護，孩子的喜、怒、哀、樂等情緒的表達和其他需求，又不一定配合父母的生活步調，有時會煩得父母手足無措、勞累不堪，有時又會像天使般的博人歡心，讓父母心情愉悅，感到幸福美滿。

小牛會亂闖，不懂事的孩子則會為父母增添憂愁。隨著孩子年歲的增長，不同階段的孩子，又會為父母帶來新的挑戰，這是小孩子在成長過程中無可避免的。因此，父母們不必為孩子犯了一點小錯，動輒用體罰矯正孩子的錯誤，因為體罰用多了，會越用越重，正如吃東西有人重口味是一樣的，尤其體罰會破壞家庭溫馨祥和的氣氛，搞得全家人神經緊繃，可說得不償失。

我生長在一個窮困的農村大家庭，人口雖多，但家人相處融洽，大人不打小孩，同輩間也從無爭執，印象中，只有二哥小時候和玩伴在別人的甘蔗園中折了一段甘蔗，被母親用細竹鞭痛打外，其餘再也沒有看見過什麼體罰，我自己更是從未被打過，但全家大小都是規規矩矩，和和氣氣，尤其是年節團聚，大家總是說說笑笑，溫馨又和樂。

我管教兒女也是按照傳統家風，從不打罵兒女，由於三個孩子年齡接近，自然小時候有的調皮，有的不專心。妻子是專職家庭主婦，常常埋怨我不管教（打）兒女，而岳父每次從鄉下到臺北，也都會順便帶幾根小竹鞭給我管教兒女，我也不為所動。但是有一次例外，大兒子在五歲時把買早餐的錢拿去買玩具，就被我用竹鞭打了兩下小腿，就是如此而已；我從不大聲怒斥兒女，妻子雖然對我的管教方式有時會有點受不了，但是也非常尊重我，因此也從未打罵過孩子。直到現在，我仍為自己曾打過一次兒子而感到後悔。

我的三個孩子從小到大沒有被罵被打，但是都很乖巧，讀書成績也不錯，現在各自獨立，雖無特出表現，但是各有一份安定的工作，與同事相處融洽，兄弟姊妹感情很好，對父母也孝順。最大的收穫是在養育兒女過程中不必生氣，全家在溫馨和樂的氣氛中朝夕生活。

貫徹不打罵的零體罰教育理念，最大的好處是全家和樂融融，而且只要用心，仍然可以教出優秀的孩子。

窮困生活的教養之道

我憑教職一份微薄的薪資，在毫無經濟基礎之下結婚，婚後三年生育了三個兒女，為了讓孩子們得到最好的照顧，生活所需只能量入為出，一切以兒女為第一優先，希望兒女們在父母的呵護下健康成長。

三個孩子年歲接近，而且都是喝牛奶長大，奶粉錢是一筆很大的開支，但是為了孩子們的健康，我們從未間斷或減量，而且用的還是比較貴的奶粉。孩子們喝奶的時間並不相同，泡奶、餵奶是件繁忙又累人的工作，但是再勞累，只要孩子們一個滿足的微笑，就讓人神清氣爽，疲累全消。

小孩子難免會生病，只要一個孩子身體不舒適，就會為父母帶來一陣緊張和忙亂。我的大兒子小時候很容易感冒。以前交通不方便，搭車去一趟榮總，來回車程有時要花上一天的時間，這往往是妻子一個人背一個、牽一個，自己帶孩子擠公車去的。

孩子會頑皮，我們不打罵，每當妻子無計可施，有時會用狗嚇孩子，結果害得三個孩子都有點怕狗，不得已後來家裡養了好幾隻小狗，孩子才漸漸不再怕狗，由此可見，教養方式對孩子心靈的影響有多麼大。

培養兒女讀書興趣

我自己從小就喜歡書，無奈生長在一個缺書的窮困村落，所幸家中藏有數箱舊書，才彌補了少小無書可讀的遺憾，因此在孩子閱讀書籍方面，我會盡力來滿足兒女們的需求。

大兒子喜歡書好像是天生的，當他還不會走路、不會說話的時候，有一次全家外出經過臺北市重慶南路的書店街，他一進書店就緊緊抓住書本不放，看他坐在地上認真看書的樣子，讓我們感到有點驚訝，於是買了幾本小童書回家。因為這孩子喜歡書，因此在幼稚園時很快就認完數盒字卡，從此就能自己看書。讀大班時就要我帶他到市立圖書館借書，他指定要借亞森羅蘋的翻譯偵探小說，還記得當時圖書館員用狐疑的眼光懷疑孩子的閱讀能力，才勉強地借書給兒子。

有大兒子在前面帶頭示範，後來女兒和小兒子也都喜歡書，但是有時孩子會因為看閒書而忘了正課，例如老大讀高中時在課堂中看小說看得太津津有味，而忽略了正課。孩子長大後大家比賽買書，家中書滿為患，也

大兒子自幼時便視閱讀為一種樂趣。

有點消化不良。現在我的孫子更勝一籌，他才讀一年級，女兒就為他買了數個書架的書，每次逛書店都成箱搬回家。此外，外孫自很小的時候就喜歡聽故事，無論讀、講他都喜歡。

曾經有一句很流行的話是這樣說的：「學琴的孩子不會變壞」。舉一反三，我說：「愛書的孩子不會變壞」，大家應該鼓勵孩子多看書。

帶兒女接觸園林田野

家居城市窄巷的簡陋小屋中，如果每天讓孩子們窩在斗室中，對他們的健康與心智發展都將受到限制。為了孩子們的身心健康，也讓孩子們接觸大自然，親近動植物，擴大視野，我們假日盡可能帶孩子們到公園或郊外去遊玩。我們夫妻倆喜歡大自然，住處離山又近，假日通常都是舉家到郊外玩耍，抓昆蟲、採野菜，呼吸新鮮空氣。去得最多就是動物園，其次是陽明山，也常去關西郊外河中玩水抓蝦，因為孩子的阿姨就住在關西。

每次出門前必先準備吃的、喝的、用的，出門時兩個大人帶三個小孩，拎著大包小包，抱小的、拉大的；擠公車或搭火車時，會把孩子們牢牢摟住或拉著，以保護孩子安全，也防孩子走失。雖然早出晚歸很累人，但是親身搭乘交通工具，不僅更能觀察到各種不同的事物及各地的鄉土民情，家人一同出遊時的彼此陪伴與互助，更是讓每一趟旅行都非常充實又快樂。

我們也會到農村出遊，除了摸魚抓蝦，同時認識農作物，觀賞農人耕作，並學習插秧割稻，體驗農人的辛苦，體會「誰知盤中飧，粒粒皆辛苦」詩句的真義。孩子在每一趟旅程中所獲得的心靈成長，成果相當豐碩，無形中，更能培養孩子探索世界的能力。

隨機教認字、玩數數

自己小時候有個習慣，看到家戶、廟宇、祠堂等門聯，我都會隨意背誦，連一間小廟掛在牆上的請神咒語也背，直到今日，有些句子居然都還記得。現代的社會舉目四顧，五光十色，讓人眼花撩亂，處處都有可供幼兒認識學習的字畫、事物，不必讓孩子學自己小時候背對聯妙句，但同時不堪入目的負面教材也相對的增加，因此家長應該要對於孩子接收的訊息有所關注。

教幼小的孩子學習，可說完全是在陪孩子玩遊戲，孩子有興趣就玩，沒有興趣就停，而且不應要求孩子一定要達到某個成績或某種標準，我教孩子認字，就是依此為原則。無論什麼時間、地點，隨時都會和他們玩認字識物的遊戲，效果很不錯。我的大兒子對認字卡最有興趣，記性又好，在很短時間內就認完幾盒字卡，並且自己看書，入學後才開始學習注音符號。

根據我的經驗，孩子們對於玩數數遊戲通常會非常有興趣，因為在日常生活中，隨時隨地都有「數」的存在。舉幾個例子來說：晚飯前可以先和孩子們玩數碗盤、筷子等遊戲，例如一雙筷子有幾枝？兩雙有幾枝？兩個盤子和三個大碗放在一起共有幾個？六個小碗拿走兩個還剩幾個？晚上睡前除了玩數數遊戲，也可以玩數小鳥的遊戲，如樹上有三隻小鳥，又飛來兩隻，那麼一共有幾隻？樹上有八隻小鳥，飛走了三隻，樹上還有幾隻？開始玩都是沒有進退位的，熟悉後才開始加深難度，玩有進退位的，循序漸進地培養數字概念。

我在學校任教時兼任珠心算隊教練，孩子們上學後跟著練習，後來也擔任校隊選手，他們心算都有好多段，到了大學也以數學一科成績最好。

公平公正對待每個兒女

我主張不重男輕女，也不重女輕男，同樣都是自己的親骨肉，無論聰明還是不聰明，是老大還是老么，都會受到同樣的疼愛與照護。父母只要公平合理的對待每個兒女，兒女間就不會有紛爭，兒女無紛爭就不會回過頭來惹父母生氣，進而發生體罰問題。

以看電視為例，如果家中人多又只有一臺電視，倘若看電視又沒有作妥善分配，家人間每日會因對節目愛好的不同而紛擾不已。我家在孩子小時候，只有一臺黑白電視機，每天孩子們傍晚吃飯和看電視時間總共只有一個半小時，晚上九時全家都要上床睡覺，這是我的規定，在孩子們讀小學時期都能遵守，而且成為一種生活習慣。

看電視時誰有選臺權呢？我把時間作合理的分配，方式如下：三個孩子每人一星期有二天選臺權，爸爸媽媽兩人只有星期日一天，孩子們每週看電視時間分為「週一、週四」,「週二、週五」,「週三、週六」三種組合,並採用輪流方式,每個孩子每週都能分到一種;三人坐一排面對電視機,有選臺權的人坐中央,座位每日都要交換,因為作法公平、合理又顧及孩子們的視力,家人從未因看電視有過任何爭執。

當時孩子們最喜歡看的電視節目就是卡通「小飛俠」和「無敵鐵金剛」,我們夫妻倆只好作陪。在家裡孩子永遠排第一,父母排第二,那是我們自己心甘情願的。其餘的事情,我也會作合理的安排,免去很多無謂的不快。

此外,孩子們各有不同的優缺點,父母在兒女之間絕不要做任何比較,不要以一個孩子某方面的優點去指責另一個孩子的缺點,尤其在學業成績方面更要特別小心,千萬不能以一個孩子的好成績,去指責另一個學業表現較不理想的孩子,以免無形中給孩子太大的壓力,導致成績不佳的孩子灰心喪志,自我放棄,也不會影響兄弟姊妹間的手足情誼。

我三個孩子外表不同,個性也不一樣,學業表現也有差異,但是也有相同的地方，那就是他們都很節儉、聽話、守規矩，兄弟姊妹手足情深，從小到大從未發生爭吵，與同學、同事也不曾有過任何爭執。

大兒子中等身材，很健壯，小時候聰明頑皮，但是能動能靜，有決心、有毅力，為達到目標可以不眠不休、全力以赴。他因牙齒咬合不良，小學一年級就到牙醫診所矯正牙齒，時間長達六、七年，拔過兩顆好牙，舌下也動過一次刀，吃盡苦頭，從不畏縮叫苦。學業方面成績不錯，很少補習，聯考都保持前三志願，赴美留學取得電機碩士後回臺工作，過了數年又考上臺大國際企業管理博士班，一面讀書、一面工作，他是弟妹的榜樣，也是弟妹的領頭羊，但是只和弟妹分享好書、好音樂、好食物，從不自傲也未曾教訓過弟妹。

女兒出生時，她哥哥還不會走路，等到她自己會走路以後成為哥哥的小跟班，無論她哥哥做什麼，她都要跟。讀國小二年級時就會幫媽媽手洗衣服，非常乖巧。學業成績很好，高中聯招，考了三個第一志願（高中、師專、五專），字也漂亮，後來她自己選擇讀臺北市立師範專科學校。

小兒子瘦高，小時候膽小、內向，性格和他哥哥完全不一樣，讀幼稚園時，輪流上臺表演，一次有五、六位小朋友一起登臺他都不敢參加。有一次，一位沒有經驗的老師居然用鞭子打他，我雖不認同老師的作法，但是沒有表達不滿，只在暗中準備點小獎品，請老師鼓勵兒子。

小兒子讀小學後，他的導師常當面有意無意之間說小兒子和他哥哥姊姊不一樣，最大的缺點是不能專心，我自己也很清楚，非常感謝兒子導師勞神費心，並拜託老師多鼓勵，但是從不請託老師體罰兒子。我們在家從不拿他哥哥和姊姊在校的表現和他作比較，也從未指斥過他，倒是常誇他聰明，鼓勵他專心、用功，其實他的成績還不錯，只是沒有他的哥哥姊姊表現出色。

小兒子很少補習，在家也很少看到他演算數學，但是參加聯考到讀大學都是數學一科成績最好，就業考試還是數學滿分被錄用。長大後膽子也大了，他能代表公司單獨接待外商，也曾到日本介紹公司出產的機器，獲日商稱讚。在家他是兄弟姊妹中最勤快的一個。他現在是一家電子公司研究單位的小主管。

雖同一父母所生，孩子們的個性與表現不一定一樣，只要守規矩、走正道，可任由他們自由發展。父母若太過心急，不僅讓孩子感到壓力，說不定反倒會揠苗助長；給予彼此一些彈性，反而能激發孩子原生的創造力。

教養心配方

公平公正地對待每個兒女，是父母應有的作法，它可以避免很多無謂的紛爭，並增添家庭和樂的氣氛，讓兒女的人格獲得健全的發展，長大後也能以公平公正的態度對待他人。

同一父母所生的兒女，可能會有不同的習性和表現，雖然「望子成龍，望女成鳳」是普天之下父母們的共同願望，但父母只能順其自然，依子女的個別差異適時激勵，不能以過高的標準強求，妄圖以嚴苛管教子女的方式達到自己的期望。

與兒女一同學習、一起成長

孩子的媽是全職的家庭主婦，不分日夜一手帶著三個年齡相近的兒女，當年家境又窮困，其中辛苦可想而知，我下班後也是全心全力照顧兒女，生活完全以兒女為重心。我們的心情隨著兒女的喜怒哀樂而起伏，大人生活沒有半點空閒，看電視也受限在半個小時的新聞報導和一個小時的卡通時間。可能有人會認為，為了養育兒女父母未免犧牲太大了，我們卻甘之如飴，因為我們喜歡孩子，愛自己的孩子，也愛別人家的孩子（學生）。

和孩子一起玩、一起學習是一件很快樂的事情，我們的三個孩子從小到大都很少補習，而是由父母親自陪伴他們學習。小學階段因為自己任教於小學，課業上的問題都不難解決，到了大兒子上國中時，雖然兒子成績不錯，也很用功，但國中一年級時碰到一個不具數學專長的數學老師，明天考試，今天才教完進度，教的課也難讓學生理解。有一次我的孩子寫作業寫到生氣，居然用黏土捏成一個小人，再以小拳頭用力擊打洩憤，我問他為什麼要如此生氣，他說他很想打數學老師。後來兒子升國中二年級時，這位老師改教公民，不久便辦理退休。

每天晚上兒子寫完學校規定作業後，就會自動寫參考書上的練習題，碰到不易解的數學難題，都會要我和他一起研究，有一次研究到一道難題，想不到學校月考也出了一道類似題目，據說全年級只有他一人做對。用如此困難的題目考學生，是否適當，值得深思斟酌。

幫兒子對參考書上英文練習題的答案，則是我感到最苦的一件差事。自己生在一個動亂窮困的年代，年少時受學校教育並不很完整，就讀師範學校時又沒有英文課，所以和兒子一起學習英文，可說是一件苦差事，但是和兒子一起學習雖苦猶樂。

後來女兒讀國中和高中時有個哥哥可以問，我就不必傷腦筋了，等到小兒子上國中和高中時，前面有哥哥姊姊可以問，更沒有爸爸的事了。與兒女一起研究，一起學習，雖然是件勞心費力的工作，但是在精神上卻感到充實又快樂。親子共學的時光，更成為一輩子難忘的回憶。

教養心配方

養育、管教兒女，最好的方式是與兒女成為共同體，和他們共享歡樂、分擔憂煩，幫他們解決困難，與他們一同學習、一起成長。

父母和兒女親如共同體，假如兒女能夠知道父母的想法，而父母也能了解兒女的需求，那麼意見就很容易溝通，困難也容易解決。

父母和兒女一起學習，是給兒女最大的鼓勵，能促使兒女努力爭取好成績，表面上看起來父母好像很辛苦，但其實父母多半會覺得生活變得充實，看著兒女每天都在進步、成長，則會感到非常快樂。

與兒女一起過簡樸生活，培養節儉儲蓄的好習慣

我在動亂窮困的日子中成長，在一無所有的條件下結婚、生兒育女，過著簡樸的生活已經非常習慣，何況婚後三個孩子接連出生，以當時一份微薄的薪資應付一家日常生活所需，已是捉襟見肘，絕無一分錢可以用在非必要的開支上。因此，除了一家溫飽的最基本支出外，最重視的是兒女的健康成長和教育的投資。

很多事情有利也有弊，有弊也會有利。孩子出生在窮困的家庭，跟著父母過簡樸的生活，也養成了樸實的生活習慣，對自己能力所不能及的事物，絕不有非分之奢想。

記得孩子還小的時候，當時臺灣的經濟環境不好，進出口物資政府都嚴格控管，能吃到進口蘋果是有錢人才敢想的事情。有一次全家從臺北乘車到新竹外公家，坐在車上，大兒子看到一輛載滿蘋果的小貨車，急呼：

「好大的蘋果！好貴啊！」這時的兒子才不過三、四歲，我對兒子說：「以後蘋果便宜一定買給你吃」，頓時夫妻相望苦笑。想不到，現在蘋果早已是大眾化的水果了，有些孩子還因挑食而不吃呢！

或許是因為家庭環境的影響，我們的孩子沒有亂花錢的習慣，家裡錢隨便放絕對不會有人拿，洗澡時把換洗衣服口袋中的錢放在浴室裡，也沒有人會拿走，還必須一個一個招領，看看是誰忘記了。想不到小兒子結婚生子後獨立自住，居然還保有此一家風。有一天我到他家，看他把一小疊鈔票隨便擱在電腦桌上，我說：「錢要不要收起來？」沒想到他回答：「這裡又沒有外人」。

給小孩子零用錢算是一件小事，但是卻大有學問：給太多會讓孩子亂買東西，養成浪費的習慣，何況給太多零用錢也不是收入少的家庭所能負擔得起的；給太少或不給，恐怕會造成孩子自卑或其他不好行為。

最好的作法是給得不多不少、剛剛好，但其中的藝術需要父母好好拿捏，千萬不能因為有錢，就經常給孩子很多零用錢，如此愛之適足以害之。其實太容易得到的東西，不管有多珍貴也會降低它的價值，相反的，很普通的東西如果得來不易，它也彌足珍貴，金錢也是一樣。

我給三個孩子的零用錢很少，因為他們每天都自己帶媽媽準備的飯盒和開水，上小學時又坐我的腳踏車一起上學、一起回家，而且他們都沒有吃零食的習慣，所以在那個年代裡，當時一個星期每人的零用錢，我只各給新臺幣十元，直到大兒子上國中，有一天放學回家，他突然說：「爸！同學們知道我每星期零用錢只有十元，大家都笑我」。我說：「那你要多少？」兒子說：「要五十元」，於是我就一口答應他。從此兒子每星期零用錢就一直以新臺幣五十元到國中畢業，用不完就存入「爸爸銀行」，有需要的話孩子開口就給，因為三個孩子都不會亂花錢，所以也不會隨便開口要錢。

開設爸爸銀行，教導孩子把錢用在最適當的地方

為了培養兒女節儉儲蓄的習慣，教導兒女把錢用在最適當的地方，在孩子很小的時候，我就買了一本收支帳簿，在家為兒女專門設立一個「爸爸銀行」，兒女的紅包、獎金存入「爸爸銀行」，平日省下的零用錢三元五元也可以隨時存入。每年最後一天結算利息，一律以當天帳面上的金額計算，不管大銀行利率多少，「爸爸銀行」一直都是一分利。帳簿就公開放在書桌上，每個人想看隨時都可以看。

現在我還一直完整保存著兒女小時候的帳簿，翻開帳簿會看到當時讀小學一年級的女兒在他哥哥的戶頭裡寫一筆帳：「哥哥偷吃甜不辣ㄎㄡˋ一元」，常令我和妻子忍不住笑了出來。培養孩子儲蓄的習慣，讓孩子們將存錢變成一種有趣的活動，尤其每年年末結算利息時，當孩子們看到他們自己的戶頭裡一下子增加了不少錢，存款多的利息也多，無形中激發他們節

儉儲蓄的興趣，稍一有錢就存入爸爸銀行，哪怕是很少的幾元也是一樣。

「爸爸銀行」是全世界服務最好的銀行，不論存款有多少，隨時都會提供最好的服務，利率又很高，我們家孩子們的儲蓄活動一直延續到他們小學畢業，進入國中已經是個小大人的時候。那時他們面臨聯考，課業又忙，就不再和爸爸玩儲蓄遊戲，但是他們得到的獎金和過年紅包還是會主動交給我，每年年末我還是給他們算利息。而家中長輩們若是過生日或是出國旅遊，每個孩子都願意從儲蓄中支出金額，表達對長輩孝敬之心意。

現在我的孩子們都大了，他們小時候的儲蓄帳簿存款總額，大兒子約新臺幣十萬元，女兒約九萬元，小兒子約五萬元。後來沒人再提起那些存款，因為已經沒有意義，重要的是在活動中為孩子們小時候帶來的樂趣，其教育效果實非金錢可以算計。

作兒女的義務秘書，幫兒女理財

我沒有學過財經和會計，但靠著自學培養對財經與會計事務的知識。孩子們小時候培養他們節儉儲蓄的好習慣，等到孩子們長大進入社會開始工作、有了收入，更要他們承續小時候的好習慣，少作無意義的花費，多儲蓄存錢。我會告訴孩子們我的想法：與其天天盼望調整待遇、期待加薪，不如自己少花費、多儲蓄，等儲蓄有了基礎，有了利息等收入，等於天天都加薪。

「少花費、多儲蓄」，這句話聽起來很容易，但是要怎麼做？

我幫兒女們理財採取一種獲利佳、穩賺不賠的笨辦法，就是在學校跟會，並挑選最可靠的會首，每次標會事先都和銀行當時利率作比較，得標都精選在最有利的時間點上，標得的會款馬上選擇一家利率較優又可靠的銀行，以儲蓄存款存到孩子的名下，如果不是整數我會拿自己的錢為孩子補成整數，從前的利率高，收益還不錯。

我幫兒女們理財絕對不碰高獲利的股票、基金、期貨等投資，因為獲利高、風險也大，買低賣高的時間點實在太難掌控了，況且自己心臟脆弱，又容易緊張，一緊張就會高血壓，怕錢沒賺到就把身體賠掉了，加上兒女的錢是辛苦工作省下來的，我要保證只賺不賠，還是謹慎為上策。

我的女兒最早就業，她是臺北市立女師專的最後一屆畢業生，畢業時才二十歲就到國小任教職，學校離家不遠，吃住完全免花費。她照我的意見，每月薪水只留數千元零用，其他都交給我，我以前述方式幫她理財，每隔一段時間主動向女兒報帳，調整薪資時也跟著增加儲蓄金額，經三、五年就累積了一點小成績。女兒感到很滿意，竟天真地向她一位存不到錢的同事兼好友說：「我爸幫忙我存錢，累積的速度好快，妳要不要每月拿出兩萬讓我爸爸幫妳存？」我對女兒說：「傻孩子，爸爸幫妳存錢會貼錢，幫別人就不會這樣做，何況別人也信不過爸爸。」後來此事當然只是說說而已。

年輕人喜歡刷卡付費，但是不一定會注意自己戶頭裡有多少存款，不過他們的存摺都由我保管，每月我會幫他們到銀行去刷一次，了解兒女們的用錢情形，需要他們注意的地方則隨時提醒。有一次發現女兒信用卡扣款竟扣到定期存款，馬上幫她把存摺定存部分轉為定存存單，並提醒女兒以後要注意。

孩子們結婚後，已經是真正的大人，對他們收支等事情，我都不再過問，只希望他們自己好好規劃，節儉樸實，快快樂樂過日子。不過大兒子還未婚，存摺印章由我保管，戶頭錢多了我會幫他轉為定存，初期他不贊成，我說轉定存有三點好處：一、戶頭錢少不會亂用；二、定存利率高；三、他人盜刷不會丟太多錢。兒子覺得有道理，後來都由我為他作決定，有多少存款，我可能比兒子自己清楚，不過真希望他趕快成家，我真不想再當兒子的義務秘書了。

察言觀色了解兒女的心事、舉止，不動聲色幫兒女解決難題

兒女在成長過程中，也許有些事情並不想讓父母知道，甚至因為太純潔、善良，對某些事情缺乏辨識力，而做出一些不為父母所認可的事情。

我不敢自稱是慈父，但是我從來不對孩子大小聲，不罵孩子，不打孩子，從未與孩子們有過任何爭執，孩子們也都能自愛自重，但是美中不足的是，我和兒女無法做到無話不說，讓我分享他們的心事，這不知道是否和我的喜好有關。我不會打牌，不喝酒，不抽菸，平時也不喝茶及咖啡和各種飲料，這並非我特意戒絕，而是那些東西會使我感到不舒服。在一般人看來，我算是一個刻板無趣之人，也許兒女們認為我太單純、古板，但年輕人的一些不利身心的習性、作法的確不為我所贊同。

兒女不和我分享他們的心事，我對兒女們的生活情形和內心想法，卻十分了解，因為兒女們結婚以前存摺都是由我幫他們保管管理，看他們用

錢情形就可以了解他們的生活情形，如有疑問他們也會說明，而且全家住在一起，兒女有心事不難從他們的言行中看出來。

有一天孩子的媽無意中在兒子的背包內發現兩個菸頭，夫妻緊張了幾天，未發現兒子有吸菸的事實，才放下心中的大石頭。至於女兒交朋友時似乎也曾發生困擾，我只靜靜觀察並寫了一封長信告訴她一些看法和注意事項，過了一段時間就一切如常。

兒女都同住一起，要和兒女說內心話，有時用筆寫出來比用嘴說出更好表達。兒童文學家子敏先生就常給他自己的兒女寫信，並把信文發表於報刊，有的信曾被選出編入中學教科書作教材，我也常給孩子們寫信，下面就是其中的兩封。

與女兒談交友

君兒：

爸媽辛苦把你們兄弟姊妹三人養育長大，接受良好的高等教育，在成長過程中一切平安順利，妳已為人師表六年，哥哥將於十二月在美國取得碩士學位回國就業，弟弟也將於明年六月退伍投入社會，幾十年將你們拉拔長大，其中的艱辛不是過來人實在很難體會，好在你們三人都聰明乖巧，求學為人都未讓爸媽傷過腦筋，這可說是爸媽最大的安慰。

目前最讓爸媽掛慮的是你們成家的問題了，再過幾年爸爸就七十歲了，在同輩親人中，早已完成了兒女婚嫁的任務；早晨一起做運動將近兩百人也都是祖字輩的人物，爸媽多麼希望能趕快升級做阿公阿嬤，你們都是孝順的兒女，一定會體會爸媽的心意。

想交個好朋友可說既要機會也要緣分，爸爸認知到妳在教育界除了同學同事之外，很難有機會結交別的異性朋友，就算有，因不知對方的底細也難以讓人放心，所以盡可能由親友提供妳一些機會，但是也許是緣分未到，總是沒有交集。妳已到了應該認真考慮結婚對象的年齡，不能只想到在一起好玩，而是要看他對妳是不是一片真誠，有否大男人主義？會否幫忙料理家務等等，在此爸爸把想到的擇偶項目寫在下面，給妳做參考，不妨勾勾看。

外貌、體格、性情、學歷、潛力、工作、家庭狀況、待人態度、禮儀、能力、勤惰、品格、志趣、心胸、習慣、儉奢、其他……

以上項目僅提供妳參考，並不是要妳去找一個完人，其實古今中外是否真有完人，實在很難說，但是它或許可以幫妳去客觀的評量一個人。但是話又說回來，男女間的交往有時是很主觀的，因為所謂「情人眼裡出西施」，有時會因一時對某一人、事、物主觀的好惡，而彰顯了優點，遮飾了缺點，這或許是不自覺的，是無意的，但為了找一個可靠的人，尤其有機會可供選擇，就必須特別的留意、慎重。

一輩子互相依靠的人，和在一起郊遊談天的人是不一樣的，一切都投緣最好，不能兩全則以前者為重，談得投機的人，不見得可相依為命；老實木訥的人或許一時話不投機，也許是他還沒有機會展現自我。大體言之，如果甲、乙都不錯，怎樣從二者中取其一，必須靠妳自己的智慧，爸媽當然非常願意提供意見給妳參考。

我們雖非富裕之家，你們三人卻得到最好的呵護，妳這顆爸媽的掌中明珠，尤其得到特別的照顧，直到現在，你們似乎還只是家中的客人，以前忙讀書，現在除了上班，其餘隨自己的興趣過日子，妳聰明又有能力，煎炒的手藝也不錯，不知有沒有想過每星期挪出一次到廚房顯身手讓爸媽品嘗。

爸爸七、八歲就開始放牛吃草，經不停的努力，老來退休雖無大成就，但家人基本生活可以無憂無慮，希望能將吃苦耐勞的精神傳給你們，期望你們三個將來都有好表現，再次將爸爸的心中話寫給妳看，期望體會爸爸愛女的心意。

並祝

健康愉快

民國八十五年十一月二十二日

爸爸字

平兒：

你學業告一段落，由美返國到新竹科學園區上班，轉眼幾個月過去了，以你做什麼要不做則已，要做即全力投入的個性，相信不久在公司必有傑出的表現。

你是真正長大了，你們兄弟姊妹三人，善良懂事，勤奮向學，頗得親友好評，讓爸媽感到很窩心，尤其你們三人手足情深，從小到大從無紛爭，對爸媽也都有一片孝心，讓爸媽感到萬分的欣喜和安慰。

回想你們三人由小到大，匆匆二十多年已過去，一路走來，真是酸、甜、苦、辣……百味俱嚐，好在託上蒼的庇佑，全家平安，個個健壯，家庭生活在爸媽克勤克儉共同的努力下一天比一天改善，雖沒住華廈，但還算住得寬敞，居家環境也甚清靜舒適，我們應算是一個美滿幸福的家庭，這不是自誇，而是事實，每個家庭成員都應以此為榮。要說有什麼美中不足的話，是你們很少把心中的話告訴爸媽，讓爸媽分享歡樂，分擔憂煩，以後改進好嗎？

或許你們三人心中一直感到被爸爸逼迫著讀書，成長過程中缺少玩樂的時間，其實你們應該慶幸，有這樣負責任的父母，你們才不必吃苦，求學之路，一帆風順，鮮少「進補」（進補習班）。當然這是因為你們有不錯的天賦、又能自愛的緣故，「一分耕耘，一分收穫」，你們過去有努力，今天才能取得一份不錯的工作，而且還有很多工作機會供你們選擇，這是多麼的幸運，你們應該感到很高興。

最近有位名人公開承認她曾打罵過兒女，可知天下父母愛自己子女都是一樣的，只是表達方式或有不同。爸媽是無名小卒，對你們三人不但不打罵，甚至連大聲斥責也少有，當然也是你們乖巧自愛，不必父母動怒。教師打罵問題報上不時有新聞，而且爭論不休，爸爸看來根本不成問題，因為爸爸從來不打罵學生，師生相處融洽，秩序良好，成績也不差，也許是找到了一個好方法吧！

人在福中要知福惜福，你們實在不能認為讀書為受迫，是為了父母的光彩，而是為你們自己的前程，你們今天所享有的一切正是爸爸少時的夢境，也是今天大部分青少年的夢境，世界上一些貧困地區有人連上小學都有問題。

爸爸的年少時期，可說是汗水、淚水、苦酒混合交織而成，出生在一家美滿幸福的農村大家庭，在一千多人的農村裡，全家辛勤農耕工作，雖不富裕，但也算是小康之家，供小孩上學讀書應不成問題，無奈祖父眼見親戚中有人讀書多了反而遊手好閒，高談闊論，不幫忙家人勞作，因而固執的認為只要努力工作多賺錢、多置田產就好了，而不讓爸爸多讀書。但是祖父萬萬沒有料到那個被他認為遊手好閒之人，後來卻做到高中校長、縣教育局長，退休後以吟詩，寫字自娛，但是祖父的看法倒也十分正確，今天在臺灣的富翁十個有九個是靠買地發大財的。

人生可以分為許多時期，由於各人的際遇不同，各自有不同的時期。你們幼兒期一切靠爸媽呵護，小學到國中由爸爸來督導，升高中、大學階段，讀書看你們自己，爸媽只照顧你們的生活，供應你們的所需，一切都能支應你們，不用辛苦打工，你們求學之路走來穩定順利，大家雖辛苦，但一家喜樂融融、快樂幸福，你們都為自己的未來打下好基礎，你應以自己有此段的際遇而慶幸。

人生在此世界上注定要不停的努力，許多有傑出表現的老科學家不也是努力不懈地在實驗中日夜不休的鑽研著！文學家、企業家……也是一樣的啊！王永慶即是一個好例子，他以年居八十之年，企業越做越大，做到全世界都知道。

平兒既已就業，希望能把握機會，努力工作，也不忘進修研究，更重要的是要注意身心的健康，有謂「高深的學問，偉大的事業，基於健全的身體」，飲食起居作息都要定在最妥適的地方，吃食既不可過量也不可不足，有了健康的身體，方能開創美好的前程。

曾給妹妹和弟弟寫過幾封長信，今天給你寫的信都是一些曾經談過的，表示一點愛兒之心，你在國中不也讀過幾篇父親寫信給兒女的信文嗎？留作紀念吧！不可看了就丟。希望體會爸爸的心意。

祝

身心健愉

民國八十六年十一月三十日

父　黃啟域

學校教育篇

教師的六項功課

以教育家自我肯定，用大愛教育學生

所謂教育家，是指對於教育具有一套理論與方法者。我認為，教師應肯定自己就是教育家，絕對不能妄自菲薄，也不能妄求速效，任意以體罰壓制學生，而是要以教育家的風範和方法來引導學生，點化學生，更要胸懷大愛，如春風化雨般使學生潛移默化，修養身心，增進知能。

教師是大人，有經驗、有知識，學童是孩子，正在學習知能，累積經驗，無知又莽撞，對於他們的失言與犯錯，甚或對老師有無知的冒犯或頂撞，老師都要以最大的寬容心，原諒學生的無知，並以最大的耐心，幫助學生改正錯誤，導入正軌，千萬不能記恨在心，藉機報復。

這裡舉一個真實的例子。同事的小孩小時候聰明又頑皮，他就讀國小二年級時，有一次級任導師鼓勵全班大鳴大放，要學生用紙筆把心裡的話寫出來，想不到同事兒子竟然寫出老師如何偏心、不公平，並明白列出某天統計老師偏心的紀錄表，害得老師生氣不已，後來同事只好帶著兒子向老師陪不是。

其實對一個年僅八歲的孩子，老師何必生氣，何況是自己先鼓勵學生建言，就算孩子所說的都不是事實，最好的方式是把大家的意見綜合向全班說明，並以親切的態度和那位勇敢的小朋友個別溝通。

我再舉一個自己親身的例子。

某一年新學期開始，我接任五年級班導師，當時我已經五十多歲了，班級內學生雖是新編班而成的團體，但是有幾位早熟又漂亮的小女生，特別喜歡她們原來的年輕級任男老師，因此無論是班級級會、寫作文或其他課堂時，只要有機會她們就會一致表達要原來的老師來教她們，言外之意就是不要我這個老師教她們。當第一次聽到多位小女生利用級會時要求換老師的發言，我始終面帶微笑，等到輪到我回應時，我首先肯定她們原來的級任導師，我說：「陳老師是個好老師，年輕有活力，常和大家玩在一起，可是他將入營服兵役兩年，就算他沒有去當兵，學校派定老師後也是不會再更改的，我會教你們直到畢業，共有兩年的時間，絕對不會改變。以後你們還會遇到很多不同的老師，長大入社會也會和很多不同的人相處。……老師的年紀稍大，但都把你們視作自己的孫子，以後我們在校學習的日子一定會非常愉快。」後來，一有機會學生還是一再提出要換老師的要求，但經過一段時間，確定無可能達到願望，要換老師的事情就沒有人再提起。兩年後畢業典禮時，幾位數次提意見要換老師的小女生哭得最兇，依依不捨，成隊走出校門後，幾個人又轉進辦公室再次向老師依依不捨道別，我只好再次送她們到校門外，祝她們鵬程萬里，前途光明。

小孩子純真，意見表達非常直接，這正是他們的可愛之處，一切不能和他們計較，只能慢慢地引導他們。

公平公正，民主開放

分派工作要公平，難易不同的工作要輪流，但是有的工作需視個人能力而定；賞罰要公正，給分也要公正，不能因個人好惡而不同。有些事則是既要公平也要公正。公平公正是教師應有的處事原則，也是兒童不可少的人格教育，小時候接受公平公正的教育，長大服務人群才能以公平公正的態度對待別人。

民主開放就是只要學生能參加的，就給大家相同的機會，例如教室布置、秩序維持、參加校內外各種比賽等。教室布置每組負責一個單元，每個人都要提供作品再擇優採用；又如班級秩序的維持，工作由大家輪流；演講、作文、書法等各種校內外比賽全班參加初賽，由最優者參加複賽，給全班每個人一次公平競爭下學習的機會。

模範生選舉，在臺北市每學期有一次，每次每班各選出一名，接受市政府表揚。模範生是同學的典範，當選的小朋友在操行、學業等方面，都要能夠做同學的榜樣，但是小朋友不一定很了解，選前老師最好先說明，再由同學提名，票選出數位候選人後，全班從兩位高票的候選人中，選出一人為模範生。

臺北市小學級任導師的派任，分低年級、中年級、高年級三個階段，一任兩年，三年級和五年級會重新編班，每個階段裡不要有人重複當選模範生。男女合班，男女生當模範生的機會要均等。選舉要公正，學生對於選舉方式不懂，老師應詳細說明，但是不能讓人選由老師預定或指定。

冷靜從容，內斂克制

不當體罰事件的發生，都因學生犯了某種錯誤，引起老師的氣憤，在氣頭上做出不適當的動作，結果是學生身心受創，教師後悔，師生同時都受到傷害。

其實這種錯誤是可以避免的，只要老師先管理好自己的情緒，以寬容之心對待學生，不要凡事要求完美，更不要高估自己的能力，想把每個學生都教成品學兼優的小聖人。體認學生會犯錯，會有些行為不軌，但是要協助學生改正錯誤，把學生引導入正軌，不能太心急，有些急事反而需要慢慢處理才會妥當。

學生破壞公物、打架、偷竊、考試作弊，甚至男生掀女生裙子這些不良行為，無論有意或無意，都會使老師生氣，在火冒三丈之時，絕對不要處理問題。犯錯學生就在眼前，先讓他靜一靜，老們自己也平靜一下情緒，喝口水、做幾下深呼吸，如果已到上課時間，先上課等下課後再處理，如果是學生吵（打）架，更要冷卻一節課後再處理，這個時候學生都會坦白認錯，要他們再互相敬個禮，拉拉手就沒有事了。小孩子是不會記仇的。

有教無類，因材施教

這是每位教師都很熟悉，而且一直在做的教學法，但是要做得好，做得徹底倒不是一件容易的事。有教無類是把學生一律平等看待，不因學生的家庭背景、資質高低、或家長和教師的情誼等的不同，而受到差別對待。因材施教，則是要依學生不同資質與才能，給予不同的啟發、鼓勵、教導，讓聰明的得到發揮，不聰明的能習得一技之長，長大後可以自力生存。

對身體不便或個性特殊的學生尤需特別照顧。下面舉兩個例子：

從前我有一個學生，須拄枴杖才能行走，個性特別倔強，某次學校舉行班際躲避球比賽，全班五十多人，只要二十五人當選手，他堅持一定要加入球隊參加比賽，雖然擔心他會受傷，但還是讓他加入，因為打球輸贏事小，影響一個人的一生事大，何況真有實力，少一個人還是可以贏球。

另一個學生吳憲德個子不高，讀書運動各方面的表現都很優秀，閱讀他的日記本，發現他對作文頗有天分，字漂亮，動作又快，每日晚上七時以前就能把作業全部做完。看他讀得輕鬆愉快，我特地增加他每兩星期一篇作文的作業，五年級下學期並鼓勵他參加校外作文比賽，後來得了好幾張獎狀和幾千元獎金，其中一篇文章參加董氏基金會禁菸作文比賽得到優等獎，還被登在國語日報。他這篇作文描寫他爸爸抽菸的樣子生動又傳神，其實他爸爸根本就不抽菸。

該生升上國中後，讀的是一個大家認為學生素質不好的國中，但他照樣考上建中，考上臺大醫學系，而且從未補習，每日作息正常，最晚睡覺時間小學時是晚上八時，國中時是晚上九時，高中和大學偶爾會熬到晚間十一時。雖然我和他的父母從未見過面，但給如此全才的學生多一些鼓勵、多一些空間發揮是誰都會做的，看著孩子有所成就也是件最快樂的事。

善用專業知識與智慧，不用威權與脅迫

教師都受過專業訓練，熟悉教育理論，懂得教材教法，要善用專業知識與過人智慧，啟發、誘導學生盡情發揮，表現創意，絕不可用威權壓制，害學生失去創新與思考的知能。所謂：「將心比心，己所不欲，勿施於人」，教師不妨先回憶一下自己的童年生活，有多少甜蜜，有多少苦澀。學生時代曾受過體罰嗎？如果沒有，表示你很優秀，現在也不能衝動隨便體罰他人，如果有，你當時一定難堪又痛苦，現在更不能把痛苦加予別人。

也許有人因學生某種不當行為，不得已之下才體罰學生，這就需要老師自己先管理好自己的情緒。如果把教師體罰學生現場錄影播出，教師定可看到自己猶如一隻面目可憎的大怪獸，面對一群驚愕失魂的小羔羊伸出魔爪的模樣，那樣子一定很醜。罰人被罰同受害，旁邊還有一群無辜的小旁觀者，體罰千萬使不得！

天天檢討，隨時改進、創新

忙了一整天，到了傍晚每個人都會感到疲累，尤其很多女老師在校忙完一天課務回家還要忙家事，其勞累的程度更是又加倍。一天忙碌下來，有時鬱悶懊惱，有時舒暢愉快，個人覺得無論愉快還是不愉快，忙完一天工作後，最好靜下心來，花幾分鐘對一日生活稍作回顧，想想哪些事惹你生氣，哪些事使你開心？稍作回顧，心情自然抒解許多。

對教學情形也需自我檢討，上課進度、作業交代、時間掌控等都必須回顧一下，好的保持、不滿的第二天就改進，改進了還不滿意，必須想些新點子，對新一天的工作心裡一定要有個腹案。

使教學活動生動有趣的幾種輔佐作法

教師們授課，都喜歡有一個良好的教學環境，希望上課時每位學生都能安靜地洗耳恭聽，有不懂的地方等告一個段落後，再一個一個依照順序發問。但是小孩子天真、善良、好動，帶幾分叛逆，有時會無意的犯錯，他們喜歡好玩的事物，愛好發問，喜歡聽故事也喜歡探求新知。

教師所要的和學生所表現的，好像有點矛盾，因此心急的教師，有時難忍不符合他所要求的教學環境，又掌控不了場面，一時情急加上情緒失控下，也許就會體罰學生。

其實授課是可以不必弄得那麼嚴肅啊！小孩子是善良的，配合他們的天性，輕鬆點和他們一起學習，變化一下刻板的授課方式，方法對了，規矩就好了，教學活動也就順暢了。下面提出幾個可供教師參考的作法。

製發金牌、銀牌、銅牌獎，激發自動學習的潛能

獎勵就是一種鼓勵，對學童來說，特別需要鼓勵，但是，獎勵不能太過浮濫討好學生，因為太過浮濫會失去作用，沒有效果。

獎勵要重精神、輕物質，這除了老師在口頭上適時鼓勵外，很多老師會自製一種紙片，並在上面蓋一個獎字，學生累積到一定數目，可向老師換一樣小文具，算是精神物質並重的作法，這在小學中低年級能夠產生出某種程度的鼓勵效果。

我長時在高年級班級運用一種惠而不費，而且公平有趣的獎勵辦法，巧妙的把獎勵和遊戲結合在一起。就是在接任新班級，選出班長等自治幹部及分配好各人清掃等工作任務後，即宣布要實施一種比照世界奧運會的金、銀、銅牌獎的獎勵辦法。我會藉此機會告訴孩子們世界性奧運會的金、銀、銅牌絕大部分都不是金、銀、銅做的，而是其他合成金屬所製成的，

想要拿到金牌非常不容易，因為每個項目的金牌全世界只有一面；我們的金、銀、銅牌則是紙做的，想得金牌，只要用功、守規矩，人人有機會。這時學生乍聽之下會感到茫然，反應很冷淡，但是經過一段時間大家就會很喜歡，並積極爭取。

獎牌的製作，是用三種不同顏色的書面紙，代表金、銀、銅牌，例如用橘色代表金牌，淺綠色代表銀牌，黃色代表銅牌，要學生用十元硬幣作工具，把硬幣平放在書面紙上，再用鉛筆在硬幣四周畫成圓形，畫好後再用剪刀剪下，老師收回圓紙片後在紙片上蓋一個大獎字，並依預定的不同顏色在獎字上頭，圈外邊緣分別蓋金牌、銀牌、銅牌字樣，製作完成後，用三個盒（罐）子裝好備用。

獎牌雖是紙做的，但是只要老師重視它就會起很大的作用。但是要注

意，發出不能太吝嗇、也不能太浮濫。以考試來說，一定要達到一百分才發，隨堂測驗等小考試滿分發銅牌一張，月考滿分發銀牌一張；除了考試，別的方面有好表現也可發獎牌，金牌則於學生有重大表現才發。

獎牌的價值怎樣計算？五張銅牌換一張銀牌，五張銀牌換一張金牌，獎牌盒於上課時擺在桌上，得獎的學生自己拿，銅牌和銀牌每滿五張自己換；放學後獎牌就放在講臺抽屜不加鎖，在我實施的經驗中，從來沒有發現有學生多拿一張。發獎牌是一種鼓勵也是一種有趣的遊戲，可貴的是學生無形中學到了誠實和好品德。

獎牌於每次月考後回收，將每位學生三種獎牌按月登記在教師必攜簿，於期末計算每名學生三種獎牌數目，並換算成銅牌總數，再除以一個老師自行設定的除數得出的商數給學生加分，中上程度的學生最好設定在三分以內。老師設定的除數依全班學生的表現分為不同的等級，也就是優等生、中等生、成績較差的學生的除數大小不同：優等生和優等生比較，中等生和中等生比較，但是加分後，中等生成績絕不能超過優等生。有的優等生成績特別優異，幾乎滿分不用加分，則改送獎品鼓勵；成績差的學生獎牌少，但他們與其他同學沒有競爭的利害關係，多加幾分也沒有太大的影響，重點是學生感受到經過努力後得到的鼓勵。

獎牌雖然只是一張小紙片，使用幾次後，小朋友都會很重視，因為那是榮譽的代表，取得又不太難，同時換來換去很好玩，久而久之就會變得喜歡學習並從中得到樂趣，更有可能使規矩變好了，教室裡沒有緊張氣氛，沒有喧鬧嘈雜聲，沒有粗言惡語，也沒有斥責，一片和樂溫馨，教室如同樂園，讀書考試變成一種娛樂，生樂師也樂，師生同樂同學習。

金牌、銀牌、銅牌獎，實施一段時間後，會發現學生漸漸變得不害怕考試，得獎讓他們得到成就感，換獎除了得到更高的成就感，同時也如同在玩一種有趣的遊戲，如果因他事耽誤一次小考試，大家都會很不高興。

增加值日生人數，擴大值日生功能，使教室整潔又有秩序

學校班級的值日生一般都是按座號輪流產生，每日二人，主要工作是擦拭黑板、領送作業簿、為老師倒茶水等，做完一天就輪換他人。

我則把值日生人數擴大為四人，也是按座號輪流產生，一任要做一星期，嚴格來說應叫做值週生，不過為了跟大家一樣，因此還是把它叫做值日生。

一週內教室裡大小事務值日生都要負責，除了擦拭黑板，領送作業簿外，每節下課後都要排桌椅和做清潔工作，還要看管同學財物，中午則要抬飯盒；以前班級人數多，四人剛好抬兩筐，同時要把老師的飯盒擺在老師桌上，學習尊敬師長的禮儀。下課時值日生如果要上洗手間，必須輪流，每次只能兩人。

值日生還有一項最重要的任務，就是四人中要選出一人負責維持教室

內一星期的秩序，完全由四人自行選出一人，其他同學都不參加投票，被選到的同學無論學業和操行成績高低，都要負責任做一星期。維持秩序時，人還是坐在原位上，做自己的工作；發現同學違規，只要在老師設計的表格上，在犯規同學的名下畫一筆就可以了，班長如違規也是秉公處理。值日生由班長督導，全班離開教室則由班長負責，上體育課或參加其他活動也都是由班長負責整隊帶隊。

改變值日生的輪值方式和加重值日生的責任後，教室裡再也沒有人掉過東西，晨間秩序也非常良好，一進教室每個人都會自動看書或溫習功課。這有個緣故，因為人人被管，人人也都有機會管別人，成績不好又不守秩序的同學，被選出負責維持秩序後，會變得一派正經負起責任，從此以後變成一個遵守秩序的人，這正是小孩子的可愛處。對不守秩序的學生，老師只在生活倫理時間提醒他改正並留作期末打操行分數參考外，沒有再作任何處理，每個月月底在表格最後一欄作統計，對全月無違規紀錄的學生，於下月初的第一天當眾發獎牌鼓勵。

這種作法最大的好處，是做到了完全的民主自治，維持秩序等工作由大家都輪流參與，改變了一般由班長等自治幹部負責的作法。因為班長和自治幹部都是品學兼優的好學生，一直由這少數優秀學生負責，久了與全班其他同學無形中難免會產生疏離，不利班級自治工作的推展；另一方面，也讓一些各方面表現都不出色的學生也有負責維持秩序的機會，體會幹部的辛苦，並得到寶貴的學習與歷練，同時也降低了優秀學生的優越感，可說是一舉數得。

適時講有趣的小故事，提高學習興趣，放鬆緊繃情緒

小孩子都很喜歡聽故事，在課堂中，當學生感到枯燥乏味、昏昏欲睡的時候，適時來一個小小的故事，大家一定如同夏天吃冰淇淋，精神一下就振作起來。

故事是在輔佐正課的進行，擴大正課的學習效果，可以說正課是主菜，故事是調味料，所以小故事的內容，如果能和正課配合而且又具有趣味性，那將是最好的教材。

講故事的主動權在老師，絕不在學生強求下講故事，因為那樣會破壞學習氣氛，讓學生有所期待，何況毫無準備之下，老師可能也講不出什麼精彩的故事。

老師應給學童講些什麼樣的故事呢？個人認為應該講適合孩子聽的，以及孩子喜歡聽的。不適合孩子聽的例如：情色、政治、恐怖等題材絕對不講，至於什麼故事才是學童喜歡聽的，那就很難界定了。一個好故事，如果大家都聽膩了，就不會喜歡再聽，如何選擇一些適合學童聽，他們又喜歡聽的小故事，要靠老師各人自己費心挑選或自己編撰。我個人就儲備了不少私家小故事，並且敢向學生保證，我所講的故事，一定沒人講過，故事書中也一定找不到。

講沒有人講過而且書中又找不到的故事，要從什麼地方得來？個人認為可以自己編，長故事可以縮短，短故事也可以拉長，所有的故事不都是人編出來的嗎？山村兒童爬樹、抓蟲的小事情搬到城市講就是好故事，把故宮博物院、一〇一大樓、捷運、木柵動物園等介紹給山村學童，他們一定很喜歡聽。

講故事、編故事需要有豐富的閱歷與經驗，這是年輕教師所欠缺的，但是可以靠平日累積生活經驗，例如旅遊、資料收集來彌補，也可以發揮老師自己的想像力。要注意的是，編出來的故事要合情合理，不能出現張飛（三國）打岳飛（宋代），打得滿場飛的笑話。

故事要多長呢？有時可能只是在課程進行中，穿插幾句與課程有關的輕鬆話語，有時在課堂結束前剩下的幾分鐘，講個小故事，獎勵學生努力學習；期末考後，全班表現優異，可以講個長故事以資鼓勵。

自己創作或改編的故事，學童不一定喜歡聽，可以邊講邊修改，講過幾次就會變成一則好故事。恕我自誇，我小時候住在窮困的鄉下，釣魚、抓蝦、捉蟲、打蛇、騎牛、爬樹……幾乎都經歷過，小時候又熟讀章回小說，後來當兵了解多種兵器，算是有很豐富的閱歷，後來到了都市教書，講故事於是變成很輕易的事情，有時有空時甚至敢接受學生「點故事」，曾經有一位女同學就故意問：「老師，大便有故事嗎？」結果我真的講了幾個給大家聽，令大家又樂又著迷。

教養心配方

為孩子說好聽的故事是與孩子們培養感情最好的方式之一，不論是老師或是家長，都應該多培養說故事、編故事的能力。

教室像個大家庭

學校是學生的學習園地，以前臺北市高中聯合招生考試有個作文題目：假如教室像電影院。把教室經營得像電影院，學生當然會很喜歡，但是就實質面來看不太可能，也沒有太大意義，但若是把教室經營得像個溫馨、快樂、幸福的大家庭，只要老師們用心，則是絕對可能、而且具有很大的教育意義。

一個班級的導師不管是男性還是女性，在這個大家庭中都要像一位仁慈的偉大母親，而其他的老師就像是學生的長輩，教師們以宗教家的精神和十年樹木、百年樹人的崇高理想來教育自己的子女，不能以功利、勢利的角度看待孩子。得英才而教之是一樂，把蠢材教成人才更是一大成就；富貴人家的孩子需要照顧，貧窮人家的子女更需要加倍費心，循循善誘，循序漸進而不揠苗助長。須以最大的寬容心，容忍小朋友犯錯，不脅迫，不口出惡言，不體罰，避免傷害兒童的自尊心。

這個家和兒童生長之家的最大不同，是成員多達數十人，而且個個都是年齡相仿的未成年同學，但是只有數位照護他們的家長——導師和其他老師。

家的空間不大，陳設簡單，公用的有黑板、講臺、置物櫃等裝設，成員個人只有小課桌椅一套，加上自行攜帶的書包一個。

幾個純真、活潑又好動的小淘氣擠在一個空間不大的教室裡共同學習，一起午餐，一起休息，一起成長。這些小淘氣來自幾十個不同的家庭，接受不同的家庭教育，天生資賦又各有差異，怎樣使他們在學校這個大家庭裡感受到一種溫馨喜樂的氣氛？老師需要好好地用心思考。

無論師生之間或同學之間，只要都能互助、互諒、互相關懷，沒有紛爭和斥責，沒有壓力也不會緊張，不分貧富與優劣，那麼人人都感受到學習的樂趣，覺得學校是個快樂的家園，學習是一種享受，每天快快樂樂上學，歡歡喜喜回家。但是要想達到前述的那種境界，可不是一件簡單容易的事，也許有人會認為是癡人說夢，其實不然，只要功夫深，鐵杵也能磨成針。

我想請老師們每天放學後回顧一下一天的教學成果，如果不滿意，想想是哪個環節出了問題？並且要尋找新的解決方法。用高壓、斥責、譏諷、打罵等教育方式是非常不聰明的作法，因為這些作法，師生雙方都會受到傷害，如果作法對了，師生一片和樂，傷害絕對不會發生。

依筆者個人多年摸索，覺得教室裡面必須做到公平、公正、公開、民主，獎懲只有一個標準，獎懲紀錄和測驗成績全部公開陳列，教室布置、秩序維持、教室整潔等全班每個人都要共同參予，下面分項說明。

整理學籍表，抄寫教師必攜簿，初步認識學生

新的學年度開始，接任新班級級任導師的老師可說是最忙的了，如果

是三、五年級重新編班的班級那就更忙了，開學前數日全體教師返校，校長發布各班和科任教師人事，接著三、五年級教師協助教務處依常態以學籍表重新編班，編班完成，新任教師公開抽籤決定所教班級學生，並帶走該班學籍表。

拿到學籍表，教師是從表內資料認識學生，學籍表男女生分開，教師可依學生的出生年月日先後順序排列，早出生者在前，晚出生者在後，這樣做便於以後填寫報表。學籍表整理好後，馬上把學生姓名、出生年月日、住址、電話等重要資料填寫在教師必攜簿上，男生和女生之間要留若干空格，以備填寫轉入學生之用。

開學日依教師必攜簿所載到原班級帶學生，到齊後，再一一點名，藉此初步認識學生，也讓學生互相認識，點完名老師要宣布規定和注意事項，接著領發課本，領教具和掃除用具等，如有時間放學前再點一次名，叮嚀注意交通安全，放學後一定要盡快回家。

座位安排與輪換

教師首先須確定學生的生理狀況作座位的安排與調整，例如視力有缺陷的學生應盡量安排在前，其餘學生一律按高矮男女混合編排，矮在前、高在後，坐定後發現有需要調整座位時再作更換。兩個小頑皮不能坐在一起，兩個愛講話的也不能坐在一起，兩個成績都不好的也不能坐在一起，因為沒有人可以請教。每行為一小組，其中要有一、二位成績好的做小老師，同時也做老師的小幫手。

此外，為了保護學童視力，讓學生能從各種不同角度看黑板，因此每週調換座位一次，採取前後不動，全體以黑板為前方一律由右向左橫移一位的方式，每週最後一節放學前由老師指導大家調換，人動桌椅不動，有老師指導才不會天下大亂。

但是換幾次以後已成習慣，換座位時間一到學生就會自動調換。

選舉自治幹部

級任導師新接一個班級，首要工作就是選出自治幹部，以利教學活動等之進行。這時師生都還不相識，選前教師最多只能瀏覽一下學籍表，對學生操行、成績、能力做最初步的了解。

理想的自治幹部要品格好、成績佳、能力強、服務熱心又有領導才能，此種人才，恐怕一時不容易找到，這時要向學生稍加說明幹部應具備的條件，再由學生自行選出就可以了。

由於是男女生合班，班長、副班長應該由一男一女共同搭配，男女生誰正誰副由選票決定。風紀、康樂、總務等各股股長不分男女，人選由選票決定。

班費由總務股長保管、收支要記帳，每月於級會報告一次徵信。此外，班費遺失要賠償，讓學生了解負責某項工作，同時必須擔負某種責任。

排長（小組長、小老師）則由選舉產生或老師指定，只要是能勝任工作要求的，每個人都可以擔任。

工作分配，詳細分配工作並適時調換

學生在校學習，除了課程上的學習之外，還需擔負一些校園整潔清掃等工作，尤其高年級會分擔得比較多，所謂「生活即教育」，這種生活上的工作當然也是一種學習。

清潔工作有內外之分，內是指教室，外是操場、廁所等地，分工一定要很細、很公平，細到有點認養的性質，第幾個窗戶由誰負責，廁所第幾間由誰負責，誰拖地，誰排清掃用具，都要非常明確，避免互相推諉。排長除了自己一份工作外，還要負責檢查監督工作是否確實。

內外清潔工作，每隔一段時日要交換，以示公平，也給予學生不同的學習機會。教室內的整潔工作則由值日生負責。

教室和外掃區清潔工作的分配方面，每日下午最後一節下課前和前一節下課後這段時間是全校清潔活動的時間，一下課，每個人立刻收好學用品，並把坐椅反轉牢牢扣在書桌上，並將課桌椅向後靠攏，做好此一工作後，各組照負責掃區分別展開清掃工作，外掃區的到外掃區，由小組長負責督導檢查；教室裡擦窗戶、掃地、拖地板、排桌椅、擦桌椅等依各人所分擔工作任務同時展開工作，由組長督導檢查（組長同樣有工作任務），明晨上學只補充再稍微清理一下即可，窗戶分配固定由幾位同學隨時擦拭。

維持良好秩序的作法

班級秩序實在太重要了，一個班級秩序的好壞會影響到全班的學習情緒和各方面的表現，同時也影響到授課教師的教學活動和教學成果。

一個秩序良好的班級，全班井然有序，彬彬有禮，一團和氣，學生專心受教，教師熱心授課，學生的學業成績和各方面的表現都會非常優良；

相反的，一個秩序不好的班級，嘈雜散漫，粗野俗氣，學生不想聽課只想嬉鬧，教師則有授課無人要聽的苦惱，這種班級，不只學生學業成績差，其他方面恐也難有好的表現。秩序很重要，教師們人人都知道，尤其是級任導師更是特別重視，格外費心思，希望維持所帶班級的良好秩序，教師們都為維持班級的良好秩序而盡心盡力，不過老師雖盡力，收到的效果卻未必感到滿意，甚至有人產生莫大的挫折感。

小學生活潑好動，想維持一個班級的良好秩序是每位老師都非常費心的事情，有人採取類似事事管理的方式，嚴格壓制學生；也有人採取一種相反方式，用無為而治，放任學生自由發揮。最普遍的是由班長等自治幹部負責維持秩序，早自習或午靜息等導師不在教室的時候，由班長或風紀股長一人站在前監看，發現不守秩序同學立刻把他座號寫在黑板上，稍後由導師處理；也有由自治幹部數人站在前面負責維持秩序的，這種方式，全班未亂幹部先亂，非常不可取，甚至有教師授權班長處罰違規同學的情事，不只不可取，而且是非常不適當的作法。

我用一種完全民主的方式維持秩序，四位值日生中選出一人維持秩序，他坐原座位溫習功課，發現違規同學立刻記下他的座號，並記在秩序紀錄表。當時我任教的班級運用這種方式，每天的秩序好到曾被校長懷疑是用高壓手段，並在教師朝會數次提出來。當時我教六年級，早晨負責訓練珠心算選手不在教室，全班卻能鴉雀無聲，自行看書寫習題，難怪校長會懷疑，但是我並未作任何說明，如果我說我從來不體罰學生，也許校長會感到更不可思議。其實我進入教室後，全班一下子就活了起來，教學活動開始，師生一起快樂學習，其樂無比！

老師的身教與言教

學生上學求知識，吸取前人經驗，學習生活知能，鍛鍊體魄，修養品德等，各方面都需要老師的傳授與引導，同時老師的一言一行也會對學童的未來造成很大的影響，老師有意無意間的一句話或一種舉措，說不定會影響兒童的一生，所以老師面對學生必須謹言慎行，傳授的知識也要準確。

記得自己小時候就讀於偏僻的窮苦農村小學，當時正是對日抗戰的最緊張時刻，幾位老師都是來自淪陷區的愛國知識青年，他們思想新，具有愛國情操和民主修養，提倡愛國、禁菸、破除迷信，但是還是會尊重各地風俗習慣，不走極端。當時多數老師抽菸，卻公開自訂禁菸罰則。有一回校長抽菸被學生看到，沒想到老師們遵守罰則，自願接受學生處罰做勞動服務，在全校一百多個學生的面前，笑嘻嘻的把兩口因大雨淹水而漂到校外的水缸抬回原處，博得學生們一陣熱烈的掌聲，相信這段畫面深深地烙印在每個學生的心中。這已經是六十幾年前的事了，如果今天在臺灣有老師這樣做，恐怕會被批評搞文化大革命。當時自己年紀小，後來長大也從事教職，便一直以小時候老師的言行為典範，嚴格要求自己一定要做到言出必行。

課前準備充分，課後檢討反省

老師在課前準備要充分，單元內容自己要非常熟悉，並且盡可能準備教具，有的可以配合美勞要學生自己做，有時學生也可以當教具（例如植樹問題）。明天有幾門課，是哪些單元，要怎樣教，教些什麼，老師心中一定要有個腹案。上課時要掌控好自己設定的進度，放學後要自作檢討，並計畫明天的課程，天天都應如此自我要求。

課程按教材教法的教學步驟進行，師生要有互動，講課深入淺出，旁徵博引，配合單元內容加料，但不能偏離主題，隨時注意學生反應，如果學生吵鬧不耐，教師不必敲桌子瞪眼睛，暴怒嘶吼，冷靜下來，講點與內容有關而且有趣的，放學後虛心的檢討自己的教法，為什麼沒有吸引力，無法激發學生的共鳴，引起學生共同學習的興趣，找出原因，改進教法，一而再，再而三，一定可以找到一個師生都喜歡的教法。

千萬別說「笨」字

老師宜抱著喜樂心情與學生共同學習，培養全班輕鬆愉悅的學習氣氛，不要把全班當天才，以高標準要求學生，也不要把學生當蠢才，認為「朽木不可雕也」。此外，千萬別對孩子說「笨」字，有人只是學得比較慢而已，聰明或不聰明的人社會上都會有他的位置，天才與憨人對社會都會有貢獻。老師應因材施教，不能有功利思想，以全班好成績來滿足自己的成就感。

再有經驗的教師，難免偶爾也會有錯，也許是一時大意，也許是一時口誤，自己發覺後馬上更正，學生發覺了則大方承認，絕對不可因錯就錯，害學生跟著錯，更不可被學生指出錯誤，為了顧及面子而惱羞成怒。

現在的父母孩子生得少，資訊又發達，每個孩子都是父母的心肝寶貝，不少父母在兒女很小就開始栽培，提早接觸大千世界，啟發知能，學習才藝、培養外語能力等等。有的小小金頭腦，懂得還真多，教師應以開放的心態接納鼓勵，對學童提出比老師更好的解題方式和創意點子，更要多加鼓勵和表揚。

遵守時間，準時上下課

國民小學是包班制，大部分課程都是由級任導師授課，因為方便，有些教師不一定依鈴聲準時上、下課，甚至有人為了方便，兩節課連著不休息一起上，這是非常不妥的，除了違反教育原理造成學生過度疲累影響健康外，同時也降低學童學習的樂趣，甚至使上課變成一種體罰，收不到好的學習成果，師生都受到傷害。

曾有一位自然科科任同事，上課之認真全校第一，但是她的教法卻無人認同。自然課都是兩節連排，通常她都是從第一節上到第二節還要占用第三節時間，中間沒有休息，每次密密麻麻寫滿一整個黑板，老師寫學生抄，一直寫一直抄，後排看不見的則搬張椅子蹲到前面走道抄寫，結果造成的負面影響是學生煩，導師怕，家長無奈。同事建議她改變教法卻不被接受，後來這位老師調到別的學校，不久就提早辦理退休了。

老師睡著了！

筆者任國小教職數十年，一直都保持準時上下課的習慣，而且為了保持每天不留學生作業簿在校過夜的作風，幾乎每節下課後都在教室批改作業，也在教室和學生一起午餐午休，因為只要有一個小地方不照預定安排，就會影響當天工作流程，也會減低學生學習的情緒和效果。

有時因疲累難免午休會睡過頭，所以特別交代學生，上課鈴聲響如果老師還在睡，值日生一定要用力搖醒，老師在辦公室休息也是一樣，學生都能照做，但是也有例外。記得民國五十九年任六年級導師時，教室在四樓，全班一共六十八位男學生。一天中午飯後，我在教室和學生一起午休，一時睡得很熟，沒有聽到上課鈴聲，不知哪位同學的鬼主意，居然要大家齊聲大喊：「老師上課！」接著一起大力拍打課桌，我頓時從睡夢中受驚，似醒未醒以為大地震來了，迷迷糊糊不知此時身在何處，立刻站起來衝出門外，惹得全班哄堂大笑，那時真是糗大了，狼狽的樣子可想而知。

等到清醒了，花數秒鐘穩定自己的情緒，想想這只是孩子們一時好玩，並無惡意，於是站在講臺前，微笑向大家說：「你們玩笑開大了，萬一老師迷迷糊糊從四樓跳下去，怎麼辦？上課！」此事就此結束，至於是哪位學生的主意，也不再過問，我常想如果此事發生在凡事計較的人身上，是否會大發雷霆、臭罵學生、報告校長、通知家長。其實小孩子不懂事，只要他們知錯，有些事不必太認真，太計較。

作業的交代與處理

課後作業是提供學生課後的練習機會，也可說是對學生學習一個單元後的一種診斷，教師可以從學生作業中了解學生的學習情形，知道哪些地方需要再加強。寫作業對學生學習有很大的助益，但是作業的分量、難度等一定要適當，不然反而會適得其反，收到反效果。

作業的分量要恰當

學生每天的家庭作業究竟多少才算適當？臺北市很久以前規定，低年級寫作業時間不要超過一小時，中年級不超過一個半小時，高年級不超過兩小時，這個分量算是蠻適當，不過同班學生程度差異很大，成績好的學生做一小時，成績差的學生恐怕要做數個小時，因此多少作業才算允當，老師們必須費心斟酌。

其實大部分老師都是求好心切，作業不嫌多只怕少，甚至多到壓得學生喘不過氣，難以負荷。吃下太多食物，無法消化，有害健康，作業太多，同樣無法消化，毫無效果。

筆者長期任教於國小高年級，接任新班級後，每隔一段時間就會在作業方面作民意調查，並要學生與中年級的作業量作個比較，以作為改進的參考，結果發現大部分學生都認為現在的作業量比中年級時還要少，可見孩子寫作業的負擔有多重。

有些事不見得多就好，學生家庭作業只要能診斷學生學習情形，能達到練習的目的就好了，例如：國語重在字音、字形、字義、造詞，而數學著重基本演算和理解，練習題目一次不要超過二十題，何況除了寫的作業以外還有要熟讀背誦的。國語優美的課文就是一項，但是課文長的要分段背誦，不可要求一次背完，另外還要與別科互相配合，例如自然、社會、美勞有作業時，國語、數學的作業就要減少或刪減。

記得自己的兒子讀四年級時，美勞老師發給全班每人一張動物圖案的作業，要大家用棉紙搓成細繩後用膠水黏到圖案上，完成後再分區著色，這對一個十歲的學童來說算是一個大工程，不得已只好陪兒子一起做，每日做到晚上十二時，費了三個夜晚才完成，那件作品至今我仍留著作紀念。

作業的難易度要適宜

前舉美勞作業的例子，作法不算太難，難在它所需耗費的時間，太耗時的作業本來不難也會變成很難，而不易在短時間內完成，失去了教育的意義。

理想的作業應該是有易有難，難易適中，因為太容易會使學童怠惰，自我膨脹，太難則會害學童產生挫折感，產生懼怕心理。我認為練習性的作業應以大多數人都能完成為最好，數學一科在一次作業中，含有幾題較難的應用題，讓學童必須費心思考的，讓他們動動腦，應該是不錯的作法。

作業的處理要明快、適時

學童作業分兩種，一種是有作業簿要書寫的，另一種是沒有作業簿要背誦或熟讀的。教師對於昨天的作業今天一定要處理，有作業簿的，批改後立即發回訂正，沒有作業簿只要背誦或熟讀的也要盡快驗收。

我非常堅持學生昨天完成的作業，老師今天一定要處理完，除了作文簿外，最好不要留學童其他的作業簿在學校過夜，這樣做的原因和好處有三個：一個是時效的問題，昨天的作業今天就知道成績並訂正錯誤，印象深、效果好；第二個是「今日事今日畢」的最好事證，老師以身作則可收到潛移默化的效果；第三，今天不處理完明天又有新的，累積下去老師的負擔會加重。

也許有人會說要批改的作業多、老師當天課又多，根本就沒有時間來處理學生的作業簿，個人認為老師出作業時，除了衡量學生的負擔，也要考慮到自己的時間，並不是每種作業都要老師逐字批改。

個人從事教職數十年，除了作文簿改不完帶回家利用假日批改外，教室和辦公室從來不留一本作業簿過夜，反觀一些同事的辦公桌上作業簿有時堆砌如小山，真不知道他們是怎樣處理的。其實學生作業是可以運用各種方法在當天處理完畢的，雖然有時時間上有點趕，整天沒有休息，但是只要習慣就好了。

作業的批改和訂正

書寫性的作業，學生須照老師規定依期限完成後，交給老師批改。老師批改後立即發還給學生，學生則利用下課時間訂正，訂正後親自請老師批改，如還有錯誤，必須立即再訂正。

背誦和熟讀性的作業也必須有一種方式來考查成效，督導溫習。一般的作法是由老師親自抽背或抽問，背誦的作業抽背，熟讀的作業抽問，或由小組長（小老師）背給老師聽，組員背給小組長聽，也有兩位同學互相背誦後再由老師抽背的。

這種作法的缺點是花費時間太多，影響教學進程，秩序一亂又影響鄰班上課，對學童有無認真學習，難以全盤了解，也難公平檢測成效。

個人喜歡用一種小小測驗式的作法，也就是隨堂測驗，指上什麼課、作什麼測驗。背誦的作業用默寫，但一次不超過五十個字，每個字兩分，是考課文中最重要的部分。測驗時間結束，左右兩位同學交換測驗簿並拿出課本對答案，最後計算成績。各組收齊後交由班長登記成績。

數學和熟讀性作業則由老師在黑板上寫出測驗題，學生拿出測驗簿作答，時間一到老師公布答案，學生交換批改，各組收齊交由班長登記成績。一次測驗通常共有五題，得到一百分的學童可以得到一張銅牌的獎勵，並自己到講桌拿取。一次測驗在很短時間內就可以完成，大部分學生都可以考到一百分，得到銅牌獎。

測驗式的作業考查方式，個人認為是比較便捷而有效果的，但是要有技巧，不能給學童製造緊張情緒，或給他們帶來壓力。

黃老師指導的學生之所以能屢獲榮譽，與其審慎的交代作業有關，不給予學生過重的課業壓力，反能讓孩子發揮創造力。

關於考試

任何學習都會有考試，考試會給學習者帶來壓力，感到緊張，但是它同時也為學習者帶來動力，驅策學習者努力向前。

各級學校校內有各種考試，升學要考試，就業也要考試，出國留學更是要考試；不同性質的考試有不同的目的：校內考試在測試學生的學習效果，就業考試在鑑測應試者的工作能力，出國留學考試則在鑑定應試者的程度。

校內考試最好難易適中，因為太難會使學生畏懼、灰心，太容易又會使學生輕忽，怠惰不努力。小學生是小孩子，好玩沒有耐性，又正處在身心發育生長的階段，這也是為孩子的未來打下良好基礎的最佳階段，因此，考試除了要注意題目難易適中、具有引導性外，教師不宜在考題中處處設下小陷阱，故意刁難。

學校考試大概可分為小測驗和定期考試兩種，我提出下列一些看法與讀者分享：

隨堂測驗（小考）

個人主張少量多次，學生放學回家寫完作業後，再背誦課文或詩詞，溫習一下當天學過的課程，第二天老師再給學生們一個十分鐘小測驗，因為教材分量不多，通常大家都能考高分得到銅牌獎，讓學生不會害怕考試，並建立起天天溫習，考試一定會有好成績的認知。考試成績統一登記於登記表，並公布於公告欄。

定期考試

開學日教師們已可拿到行事曆和各科進度，月考或期末考日期已定，教師對自己任教各科的進度心內要有個譜，提早一些時間把課授完，再把考試範圍內教材複習一遍，這樣才會有好成績，收到好成果。

考試後的工作

定期考試試卷處理要慎重，評分完成發回考卷後便請學生立即交換，按照老師念出的正確答案，大家再對一遍，如有改錯，則由學生自己拿給老師更正同時更改原登記分數。老師並進行講解，有錯的同學馬上訂正。

考卷訂正後，開始頒獎，視題目難易度給獎，如果全班只有一、二人得到一百分，五、六人得到九十分以上，則一百分發金牌，九十分以上發銀牌，如果得到一百分或九十分以上的人數多，則一百分發銀牌，九十分以上發銅牌。

考試的一些變通作法

任何考試為了公平公正，考生一定要遵守試場規則，每個人都在同一個標準下進行考試，但是學校是個教育機關，尤其小學教育正是奠基打底的階段，有時不得不採取一些例外的作法，而這個例外並不影響其他小朋友的權益。

筆者退休前曾擔任五年級五個班級的社會科授課教師，每教完一個單元，必於下次上課時作隨堂測驗，測驗剛上完那個單元的成果，題目用粉筆寫在黑板上，一律為填充題，學生不用抄題目，只需把題號和正確答案寫在作業簿上。大部分學生成績都很好，但是也有極少數的學生連一題也寫不出來，我的例外作法是，讓一題也答不出的學生坐到教室最後排，拿出課本來找答案，即使如此，有些同學可能還是找不到答案；等到公布答案，學生互相交換打好成績後，再各自自行訂正，訂正後再看他們的表現，給這些成績不好的學生酌量給分數。因為這些學業低成就的同學無法和同學們競爭，因此酌量給分並不會影響到他人權益。如此做的目的是想幫助這些學業低成就的學生多認些字，同時培養他們學習上的自信心，他們能多認識字並學會數學最基本的簡單加減乘除計算，將來長大才能到社會上謀生，因此教師在此處不需要用一視同仁的標準，因為這樣反倒會讓學習能力差的孩子產生學習挫折感。

教養心配方

做任何事先把最基本的紮實功夫做好就是基本功，對國小學童而言，教好學生最基本的識字和計算，就是這個階段的基本功，熟練了才能循序漸進，進入更深的學習。不過教師不可太心急，有策略地教導，才不會壞了孩子學習的胃口，導致孩子放棄學習。

關於獎懲

印象中，在臺灣五〇、六〇年代時校園體罰非常普遍，當時我因初任教職缺乏教學經驗，似曾罰過不守秩序的學生短時間站著聽課。後來經驗多了又自創以金、銀、銅牌獎勵的制度，激發了學生守規、勤學的興趣，於是師生每日快樂同學習，似乎只需獎勵、不需懲罰，學生偶爾犯點小錯，只要提醒一下就沒事了。因此，我主張多鼓勵、少懲罰。下面是幾種有關獎懲的建議：

平時獎勵

平時獎勵有口頭稱讚和獎牌給獎：口頭稱讚是當眾表揚，大家拍拍手鼓掌，獎牌則看表現發給，有一定的發放標準。

銅牌獎的發放標準很寬鬆，但如何給獎完全由老師自己靈活運用，依個人經驗，只要小考一百分或某方面有好表現，都可以得到銅牌獎一張。銅牌雖可以寬鬆發給，銀牌則須慎重，發金牌則要特別慎重，所謂「物以稀為貴」，如不慎重，將會貶值而失去吸引力。

期末獎勵

學期結束，學校對各班學業表現優異的學生都會給予適當的獎勵，我所服務的學校是發給各班總成績前三名的學生每人一張獎狀，鼓勵繼續努力；有些導師們會自己出錢購買書籍、文具等當作獎品來獎勵學生，而買什麼？買多少？怎麼獎勵？都由導師自己決定。

有些導師惜才寵才，會買較貴的書籍或文具獎勵成績優異的學生，算是一種精英教育；我則用一種普愛眾生的作法，盡可能讓全班學生在期末都能得獎，也許有的獎品只是秀才人情——如圖畫紙一張。雖然圖畫紙的價值甚微，但是當一個各方面都無法和同學比較的學生，只因一點點小表現或小進步就可獲獎，站起來接受全班同學的鼓掌激勵，意義就很大了。

我給學生獎勵著重在精神和效果，既然採取普愛眾生的作法，所以期末給獎幾乎到了巧立名目的程度。學業成績前三名已得到校長頒發的獎狀，可以永久保存作紀念，已是最大的鼓勵，我通常只再加一枝自動鉛筆和一枝原子筆，再來四到六名有獎，自治幹部和小組長（小老師）也有獎，還有工作努力，服務熱心，成績進步，樂於助人，人緣好都給獎，老師遺漏的同學可以提名，提名別人也可以提名自己，有提出大家認為合理就給獎，不必經過什麼程序。以進步為例，只要進步就可以得獎，從三十分進到三十一分也發，所以期末最後一天，每位學生都笑嘻嘻地離開校園，快快樂樂的回家。

違規處理

不能體罰，如有學生吵架、胡鬧、不寫作業、說謊偷竊，或有其他不良行為要怎麼辦？放牛吃草不管必然造成天下大亂，教學無法進行，教師也失責。其實只要老師多費點心思，一定可想出很好的辦法，把上課變得很有趣，不給學生過重的負擔，讓考試變得輕鬆、好玩，學生違規事件就會減少。萬一有學生違規情事發生，哪怕那事情是最不應發生，也是老師最厭惡的，首先要處理的第一步就是老師自己要先冷靜，不要以自己的標準去看世界，尤其是看孩子的世界。

以發生吵架為例，學生於下課時玩耍起了爭執，上課鈴聲響後，還吵吵鬧鬧進教室，這時一定會有同學向老師報告，老師只要把兩人分開，讓他們兩人靜下來聽課就可以了，下課後再叫兩人到老師面前，老師問明原由，公平地分析兩人對錯，下節上課要兩人站到前面互相道歉，相互敬禮，拉拉手，如是同性再行擁抱禮，事情應該就圓滿結束。

如果老師當時就立即處理，兩生都在氣頭上，老師也有點情緒，萬一學生不接受老師的看法，反而難以處理，何況還會影響上課進度。

如果學生不專心聽課、忘記帶東西、家庭聯絡簿家長沒有簽名、上課常常遲到、作業沒有做完等，老師要怎麼處理？個人認為這些都是小問題。學生不聽課恐怕老師要好好的自我檢討，為什麼上課無法引起學生的興趣，是口才不好還是方法不對；忘記帶東西或聯絡簿沒有給家長簽名，只要學生站起來，自己拉拉耳朵，老師提醒下次記住就可以了。曾有一位學生上課時才發現沒有書包，旁邊同學作證說看到他有帶書包上學，同學幫忙四處找，連廁所也去找過，就是找不到，最後由同學陪同他回家找，總算在他家把書包找到，當他背著書包回到教室，惹得全班哄堂大笑。

家庭作業沒有做完可以要求學生下課時間補做；沒有能力做完的孩子實在很難追究；但有些事情一定要問明原因，曾有一位男學生每天都遲到，平時穿來學校的制服也很髒，經問明原因，原來是其母親自學生幼時離家，父親忙著上班無暇照顧家庭，該生每天都要為弟妹準備飯盒，回家還要煮晚餐，一個十一、二歲兒童就擔此家庭重擔，令人疼惜又同情，老師怎忍心不問就裡就苛責其無法完成作業？

有時我把處罰變成一種遊戲，除了要學生自己拉拉耳朵不要忘記，也會因學生某項小錯誤，要學生自己右手輕打左手一下，表示改正，如果這也算體罰只好說聲抱歉了。

讀書、教書都是件快樂的事情，用心經營，師生每天都會在快樂中一同度過。

成績單上的評語

學期末級任導師要填發學生成績單，成績單上除了要記載學生操行、學業、體育等各科成績，另外最重要的一項，就是要為學生寫評語，此項工作導師要特別慎重，無論學生成績再差、操行再壞，也不能盡寫些不堪入目的評語出氣，害學生拿到成績單後不敢示人，家長見到成績單後無地自容。

其實低成就、表現不好的學生身上還是可以找到很多優點，最好先寫學生的優點，至於缺點和有待改進的地方只要輕輕點一下就可以了，如：有點粗心，未盡全力，用心欠專，應戒多言……

對於小孩子教師應多鼓勵、多誘導，千萬不可輕率用幾句話為他（她）定型，影響到他（她）的一生。

我與體育班學生

體育自小就是我的弱項，有一年新學年度學校卻發布我擔任五年級的體育班導師，棒球、巧固球、躲避球等校隊選手都集中在這一班，我自知恐不能勝任，但是學校已經發布，只好接受挑戰。

體育班、棒球隊等都有教練，體育能力自是不在話下，但是學生的習性與普通班不太一樣，有些孩子特別活潑、好動，有時因練習又會缺課，因此接任體育班學生著實是教師的一大挑戰。

自己雖然體育不好，但是小時候曾學習國術數年；服兵役時，又當過軍士隊教育班長，年輕時右手曲附好像沒有被人扳直過，但是實際帶班，還是會遇到很多突發狀況的考驗。有一次上課時，一位頑皮的學生突然捧起雙手吹著模仿斑鳩鳥叫聲，當下我立刻回吹，聲音又響又脆；又有一次在教室示範幾下標準的伏地挺身，也曾在教室與學生比賽腕力，並且接受一對二的挑戰，無人能勝，不過有一回在與班上的兩隻小蠻牛比腕力的時候，我的體力幾乎快要不支，因為當時我已五十幾歲，體重只有五十多公斤，此後自己不敢再逞強，但學生自此也服貼不敢作怪。

體育班導師雖然不用教體育，但是有時還是要帶全班作巧固球或躲避球練習，我雖非體育專長無法標準示範，但看多了也能糾正錯失、提出講評。巧固球初習射門時，我要全班先一起練，班長在前作示範，口喊：「一、二、三～射」，同時起跳空手做出射門動作，大家同時跟著做，效果不錯，因為巧固球射門要跑三步再跳起來射球，所以練習要喊：「一、二、三～射」。

躲避球練習，我把全班分成甲乙兩隊，甲隊是代表學校的選手隊，乙隊是一般學生組成的算是陪練隊，後來乙隊在校內也成為天下無敵手。

雖然體育班學生比較調皮，但是有感情、講義氣，畢業後有一些同學曾數次開車載我出遊，有時遠遠看到我也會過來熱情地叫聲老師、打招呼。

談師生之間的相處

學生在校時，如家人般親近，但仍應保持適當的禮儀與距離；學生離校後，師生成為朋友，互相關懷、給予幫助。

歷史上赫赫有名的唐朝詩人韓愈認為，老師要為學生傳道、授業、解惑，現在有一些新進的年輕老師則認為，老師只是一份工作，拿了薪水就要努力工作。韓愈的境界也許不容易達到，但年輕老師的說法也未免太過現實。

有緣成為師生，應該是前生修來的福分，師生雙方都應該珍視、疼惜。老師應該像一位慈祥的母親，體認學生資質互異，各自的個性和成長環境都不同，因此不應強求一體的好表現，而須處處為學生設想，視之如自己的子女一般。

學生應把老師視如親人長輩般尊敬，同時也當成可信賴的朋友，不忤逆師長，有疑惑請指點，有委屈要說明，有心事要傾訴，有困難請協助。

師生如親人般親，但是師生還是有一定的禮儀。男女雖平等，有些地方還是要有分際，不能逾矩，每個小地方都要注意，不能給人話柄。老師更要寬宏大量，不要因一些小事和學生斤斤計較。要做到前面所說的境界，也許不是很容易，不過老師可以朝著正確的方向持續努力。下面就學生在校和畢業後的師生關係提出一些實例和參考意見。

學生在校讀書時——視同自己的兒女

師生和樂相處，但是一定要注意維持必要的禮儀，避免小朋友的一些純真舉止引起他人閒言閒語，尤其男老師和女學生之間，更要特別警惕。舉一個親身的例子：筆者習慣於下課時在教室批改作業，有一次，幾個女學生圍著觀看，突然有兩位說：「老師好辛苦！我們幫你搥背。」我說：「不要，我怕癢。」我婉拒了孩子們的善良美意，並委婉地告訴他們原因，若是因學生一時好意而引來他人閒言閒語，將有口難辯，如果閒言在暗中傳來傳去，那就更加不堪了。

此外，為了保障學生的安全，要學生保持結伴的好習慣，在校內也是一樣，老師有事要學生幫忙，就算有老師在場，學生也要有同學作伴，如因布置教室或其他事情暫留學生在教室工作，一定要有數位同學在一起，絕不約單一學生在暗室談話、諮商、輔導。

學生畢業離校後——如同長大了的兒女，也是朋友

筆者向來把畢業離校的學生當成朋友，也看成長大了的兒女，有一些學生畢業數十年後還一直保持聯繫，由於自己與學生和家長還保有以前培養起來的信賴感，因此當學生遇到困難，總會來找我徵詢一些意見。下面舉幾個實例說明：

有一位女學生已經二十歲，曾數次到學校找我閒談，有一次從她口中

才知道這位學生不知道什麼原因便患了精神疾病，服藥後完全是個正常的人，要不是她主動告知，根本就看不出來她有罹患精神疾病。於是我勸她不要想太多，找些自己喜歡的工作做，可以考慮藉由宗教信仰，使精神有個寄託。由於精神科疾病方面，做老師的完全是外行，但因為學生的信賴，每次雖然只是隨意地閒談，但無形中就給予了學生支持的力量。

另一位品學兼優的男學生，並不是在我任教班級中的學生。這個孩子的成績很好，自尊心高，政治大學法律系畢業後報考研究所落榜，即把自己關在房內不理會任何人，父母兄妹怎麼勸告都不搭腔。他的母親要我幫幫忙勸勸他，我答應試試看。

等我到了他的門房外，想不到一喚他的名字，門就開了，於是我把他請到我家聊了兩個小時。我對這孩子說：考試靠實力，也要一點運氣，如果一定要讀研究所，以後再考就好了，何必鑽牛角尖，自己給自己過不去，何況條條大路通羅馬，考法官、考律師也是一個可以考慮的好方向。後來這位學生不再鑽牛角尖，每天用功讀書，只苦讀一年就考上律師。現在這位學生已經三十七歲，結了婚自組小家庭，住在自己購買的房子裡，過著幸福的生活。

最後再分享一位男學生，這位學生上有父母、下有弟妹，但不知什麼緣故，全家雖然住在同一個屋簷下，卻形成一家兩制，父親個人獨立，母親和孩子們是一家。他的父親在電力公司工作，收入頗豐，但只負擔孩子們的學費和自己的開支，其餘所需家庭費用，皆靠母親早晚送報賺取微薄收入才得以支付；孩子們的學業也是母親在關心，好在天公疼好人，三個孩子都品學兼優，節儉樸實，即使中午飯盒有時只有白飯和兩條熱狗，也從不抱怨。

當年距離高中聯考只剩下約兩個月時間，不知何故學生和他的父親突然起衝突，一氣之下將課本撕毀，同時跑到住在附近的姨媽家，表示從此不再念書。他的母親十分擔心，便來我家商量要如何處理，我的意見是讓學生暫時住到我家，等參加高中聯招後再回家，他的母親同意我的意見，於是我立刻騎腳踏車將該生從姨媽家帶到我家，從此每日放學後便住在我家，假日的白天則到圖書館溫書。

很快地兩個月過去，聯考那天學生的母親要送報沒有空陪考，於是由我和他妹妹陪著他，一早三人搭公車到松山高中考場應試。那天車上只有我們三位乘客，男學生坐在第二排打盹，我和他妹妹則坐第一排，等到車子到了考場那一站，我喊了學生一聲下車，同時和他妹妹先下車，沒想到回頭不見學生身影，但車已開動。我心想大事不妙，急忙叫了一輛計程車從後追趕，可惜沒有追上，打電話到終點站也沒有得到好消息。

時間一分一秒地過去，越來越接近考試時間，我和學生的妹妹有如熱鍋上的螞蟻，在考場外焦急的四處張望，心想如果學生今年不能應考，我要負最大的責任，所謂「我不殺伯仁，伯仁因我而死」，我的心情壞到了極點。此時，看到學生從校門口走了進來，此時距離考試還有二十分鐘，為了不影響學生情緒，暫時不為自己未叫醒學生即先下車而自責，而以平常心把他帶到座位上，看到學生就定位，終於放下心頭的一塊大石頭，高興得幾乎要和學生的妹妹手牽手跳起舞來。

後來放榜的結果，學生考上第一志願分發至臺北建國中學，畢業後考上醫學院醫學系，現在是某教學醫院的醫師。他的母親每天早晚辛勤送報，賺取微薄收入，供孩子們讀書生活，其辛苦可想而知，他們在大約七、八年前貸款買了一間舊公寓，學生畢業從醫後，負責繳交每月銀行貸款。

我十幾年前退休，學生的母親便託其他送報生每日順路送一份晚報放在我家信箱，我想付她報費她卻拒收，說那份晚報是報社贈送的，請她不要送，每天還是照樣送，後來想出一個折衷的辦法，就是每年春節給她的三個孩子每人一個小紅包，但這三個孩子長大後就婉拒接受。看來另外只有一個辦法，就是等學生和其弟妹結婚時再送一個大紅包吧！

教養心配方

當我們碰到他人有心理方面的問題，通常都會求助諮商、輔導專家，因為專家有專業知識，也有諮商技巧，不過不是專家的人，如老師、同學、朋友等，只要能得到求助者的信賴，往往也能發揮很大的作用。

學生在校時如同自己的子女，畢業後如同長大後離家的兒女，教師是學生一輩子可信賴的支持力量。

黃老師與畢業多年的校友們齊聚一堂，有些甚至已經兒女成群。

學生回饋篇

老師視學生如子女，只鼓勵不體罰

吳憲德

回顧求學生涯，讓我印象最深刻，也始終不曾忘懷的，就非黃老師莫屬了。雖然畢業至今已二十餘年，但黃老師深刻印在我腦海中的種種身影，隨著整理這篇感言的思緒，又一一鮮活的浮現在眼前。

學生時期我因為個子瘦小，每個學期排座位，第一排總非我莫屬，所以當瘦高的黃老師站在講臺上課，每每總讓我有「望之彌高」的敬畏感，黃老師也常拍拍我的肩膀鼓勵說：「憲德呀！你什麼都好！就是要多做運動！趕快長高長壯一點喔！」那時我心裡就常想：如果有一天，能長到像老師一般高，真不知道該有多好啊！

因為黃老師是我們的專任級任導師，所以除了自然、社會、音樂等由科任老師負責外，其他全由黃老師一手包辦，他幾乎與我們這群小蘿蔔頭朝夕相處，連中午吃便當也不例外。黃老師講課重理解、不重死記，總是旁徵博引，讓全班學習興致高昂，幽默風趣自不在話下，更每每佐以豐富的人生經驗，諄諄善誘做人處世之道，把全班都當成他的小孩般疼愛。週末假日更常請同學到家裡吃飯，遍嚐師母五星飯店級的手藝。所以雖然我們是別的老師眼中「不好教」的「體育班」，但是在黃老師的帶領下，不論大小比賽，棒球、躲避球、巧固球，還是整潔比賽、秩序比賽、教室布置比賽，大家都是將士用命，齊心協力，每每所向無敵，名列前茅。

黃老師更有獨步全校的金、銀、銅牌獎勵制度，不論考試或大小比賽，絕不會因為表現不佳而責罰我們，反而是「論功行賞」，或者只要比上次進步，就有「進步獎」，所以我們莫不全力以赴，爭取榮譽，我還記得每到學期末加總統計後，黃老師還自掏腰包，破費獎勵我們呢！黃老師也常引用訓練美國奪得奧運游泳金牌的教練，自己卻是旱鴨子的例子，跟我們說明他帶領體育班的理念，更讓全班心服口服不已。

以上點點滴滴，如今回想起來，更覺得自己能受教於黃老師，真是件再幸運不過的事了。如今黃老師利用退休之餘，將此寶貴的經驗提出來，實在是造福現今教育的善舉，在此謹敬祝老師與師母身體健康，壽比南山。

本文作者為臺灣大學醫學系畢業
曾任臺大醫院眼科醫師
現任淡水彩虹眼科院長

感謝老師數十年的關懷與鼓勵

詹永嬌

小學五、六年級時，很幸運的遇到很有耐心及愛心的黃老師，讓我在往後的求學生涯，奠定穩固的基礎。記得我那時在班上算是功課不錯，六年級時有一回當選上模範生，覺得相當光榮和高興，但黃老師鼓勵我、提醒我：「不要自滿，要更加努力」。直到現在，我一直深深記著黃老師的這句話。

小學畢業後，因家裡開雜貨店，環境比較吵雜，父親希望我能在比較好的環境念書，於是照著父親的心意考上了位在外雙溪的衛理女中。但初中一年級時，跟隨父母全家一起移民至美國，也展開了在美國的求學生涯。從中學、大學到醫學院，十餘年中，雖然人在國外，但一直與黃老師保持聯繫，時常寫信給老師報平安以及報告學習情形，老師也常寫信給我鼓勵與加油，讓我在碰到困難時，總是有著無形的支柱得以繼續向前。

上了大學以及往後的醫學院時期，有機會回到臺灣探親、訪友旅遊時，在臺北我都住在老師家。師母及老師的熱心招待，也讓我有回家的感覺。記得回臺住老師家時，幾位女性小學同學也會到老師家客廳打地鋪陪我聊天，直到天亮。有一次，老師故意逗我們說：「我可以聽嗎？」我們齊聲說：「不行」。如今，回想起來，歷歷在目，滿心感謝老師的愛護與照顧。

後來在美國與我的先生相識，回臺灣在臺南舉行婚禮時，老師特地從臺北趕到臺南，參加我們的婚禮，讓我們夫妻備感溫馨與高興。婚後定居臺北，先生在臺大教書，我則在長庚醫院服務，忙公務也忙家事，雖然較少有機會時常拜訪老師，但不時會想起老師對我的教誨。

時間過得很快，轉眼，我的大兒子已大學畢業，老二也即將升大學。最近得知，以前寫給黃老師的信，他一直還保存著，要留給我將來寫回憶錄時參考。老師對我們的照顧以及用心，幾十年來，一直不曾間斷，衷心感謝。祝老師和師母，永遠健康、快樂！

本文作者為美國康乃爾大學營養系畢業
美國紐約大學石溪分校醫學系畢業
曾獲選二〇〇九《商業周刊》百大良醫
現任長庚醫院類風濕科主治醫師

比「媽媽」還「媽媽」的老師

呂玉玲

小學升高年級時，每位學生都會面臨重新編班，我和另外幾位老師的小孩有幸編在「名師——黃老師」任教的班級中。老師閱歷多，經驗豐富，總有信手捻來說不完的故事。授課時，深入淺出，知無不言，言無不盡，總是胸有成竹，滔滔不絕，在他的教化下，學生受益良多。

他的強項在數學及珠算、心算，除了班上同學外，也有許多其他班級的學生慕名而來，參加他團體分組活動的珠心算課程。我想，當年全年級十六個班、近千位同學，就算沒被他教過，也一定知道他，說他是桃李滿天下，一點也不為過。

印象中，老師的ＥＱ超級棒，從來不生氣、不罵人，也不打人。學生犯錯時，他總是好言相勸，諄諄教誨，外人一定很難想像：一位男老師，竟比「媽媽」還「媽媽」。

比我晚四屆的的妹妹呂玉華就讀小學高年級時，黃老師也是她班級導師。所以我和妹妹的小學高年級導師都是黃老師。由於媽媽也是同校老師的關係，我們與老師家總是互有往來。假日我們若去爬四獸山，回程常會順道到山腳下的老師家坐坐、聊聊。我高中時，老師若有空也常會到我家，鼓勵我和妹妹。

目前我任職臺灣銀行貿易部高級襄理，妹妹則為行政院金融監督管理委員會銀行局專門委員，家庭均幸福美滿，謹此感謝老師及師母的教誨，並祝福老師及師母永遠健康快樂！

本文作者為臺灣大學國貿系畢業
公務員高考及格、現職臺灣銀行貿易部高級襄理

幸福的起點

劉文彬

什麼是幸福？幸福就是找到自己的未來。

記得在二十多年前就讀國小的時候，雖然爸爸也是松山家商的珠算老師，但爸爸還是帶著我去參加黃老師的珠算選手隊。我還記得在學校的教室裡，小朋友個個埋頭努力地練習，黃老師就一排一排仔細的觀察每個人練習的情況，遇到有同學不懂的地方，他總是不厭其煩的重複說明。當然，班上總有些調皮又搗蛋的小男生，把整間教室搞得天翻地覆，這時就看到老師笑臉迎人的追著整間教室跑，那時我心中就在想：「當老師可真辛苦啊！」

由於父親與黃老師都是珠算老師也是好朋友，所以我畢業後仍舊持續與老師有所聯絡。我結婚的時候，老師和師母也是欣然出席參加，席間也給我多所鼓勵與祝福。二十多年後的今天，自己也在大學任教，常常也碰到搞不清楚狀況的大學生，有時心中真是滿肚子火，但這時就會想起黃老師當年和藹親切的身影，自己就會深自反省。

老師是影響一個人一生最重要的人之一，老師的一言一行，無形中會影響到多少人的未來！如果自己現在能有一點點的成就，真的要感謝老師當年不體罰的愛的教育。打罵的方法或許可以得到一時之效，但對孩子卻可能會造成一輩子不良的影響。

現在我漸漸了解，自己會決定走上教育這條路，黃老師當年對我的影響是如此的重要，原來自己的幸福早在二十多年前就無形中決定了！

黃老師，謝謝您，原來您就是我幸福的起點！

本文作者為國立中山大學經濟學碩士
國立政治大學風險管理與保險學系博士生
元智大學財務金融系講師

對於零體罰的幾點建議

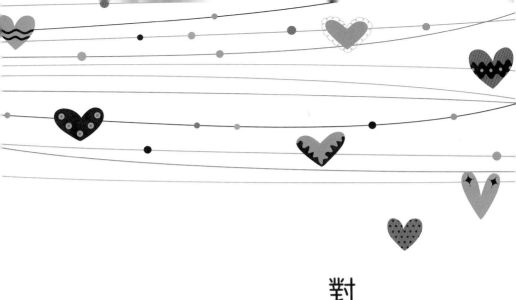

「零體罰」不是指不管教子女和學生，而是要在和樂的氣氛中，尋找不同的作法來達到更好的教育效果。本書前文針對父母和老師的教養作法，已不自量力地寫出了個人的經驗和對一些問題的看法，同時也舉出了一些親身的實例。

政府立法處罰校園不當體罰學生的老師，民間也有揭發老師不當體罰學生的團體，立意都很好，也得到一定的效果，達到嚇阻的作用，但這種方式終究是消極面的。更積極的作法是，加強社會大眾的禮儀教育，指出打罵是一種粗野的行為，同時充實教師的知識，改進教學方法，累積生活經驗，使教師授課時的過程輕鬆愉快，學生也在快樂中受益。

針對「零體罰」的具體作法，下面提出我個人的幾點建議：

拍攝類似影片「愛的教育」的電影和電視劇

幾十年前國內曾有一部名為「愛的教育」的影片，該片是用兩組人馬以對比手法拍攝而成，一組主角用類似軍隊中一個口令、一個動作的方式管教小孩，孩子們動作整齊，手足俐落，可是個個一臉嚴肅，從無笑意，令人望之生畏。另一組主角則用愛教育孩子，和孩子們一起遊戲，一起在地上打滾，一起學習，孩子們不斷地發出快樂的笑聲，許多畫面都會讓觀眾會心一笑，頗有想要與孩子一起玩的衝動。

我期待國內也能仿照「愛的教育」影片，拍出一部用不體罰的方式，更能教出懂事、有禮貌、守規矩、勤學習的好孩子，尤其要描繪出父母和子女、老師和學生和諧相處，一起快樂成長的好氣氛，而不是在影像中一味地以體罰、暴力的方式呈現出過去對於教育現況的刻板印象。

將零體罰的理念融入國小生活倫理和國中公民與道德的課程中

我們要讓小孩子從小就知道體罰不是很好的管教方法，也不會得到好效果，更不是人際間應有的文明行為。教育單位可以「體罰」為題，在高中以上學校進行普遍辯論賽，各校優勝的隊伍再和他校做校際比賽。唯有從小透過價值觀的建立，才能杜絕長大以後的暴力行為，這樣對於社會一定是有益而無害的。

中央設立零體罰諮詢委員會，各縣市設立分會

零體罰諮詢委員會與各縣市分會，其成立的宗旨在協助需要協助的教師與父母改進管教方法，熟練授課技巧，只諮商協助而不涉入因體罰而引起的糾紛個案。其成員一律都是無給職的志工，以退休教師和熟悉教育的學校輔導人員為主，還有心理學家和精神科醫師等；成員都要有很好的涵養，熟悉教學技巧，並要有佛陀普渡眾生的理想。

政府教育單位只協助成立，提供一個場所，一、兩位職工，電話、電腦、桌椅即可。成立之初，先訂定章程，政府是指導機關，發現效果不彰，有權改組或解散。

教師講習時，可加入一些禪學的課程，使一些比較急躁易怒的教師，學習抗壓忍耐的涵養。並應研制教師管教守則，印在教師必攜簿的首頁，以提醒教師務必遵守零體罰的理念。

附錄

為孩子們說故事

無論是小孩子、大孩子都很喜歡聽故事。小時候我們喜歡聽爸爸媽媽、爺爺奶奶說故事，進了學校，喜歡聽老師、同學說故事，只是隨著年齡的增長，學業壓力的加重，聽故事這件有趣的事似乎漸漸在日常生活中消失了……

我建議所有的老師和家長，都應該培養說故事的習慣，也要學習如何說故事，更應該培養自編故事的能力，因為陪著孩子說故事的過程，真的相當的有趣。下面我便提供幾個自己獨家的「私房故事」，與大家分享！

1. 看 鏢

張大牛是明和國小五年六班的學生，平時熱心公益，樂於幫助同學，是個品學兼優的好學生。不過老師發現他近來各方面的表現都和以前不太一樣，上課不專心聽講，做功課不認真，成績退步了，下課時也少和同學一起玩。經老師和家長聯絡後才知道，近來大牛家隔壁開了一間租書店，舉凡漫畫、武俠小說、神話故事等等什麼書都有，因此大牛從此就迷上了故事書，尤其特別喜歡武俠小說，有時還把小說帶到學校，甚至連上課時也會偷偷拿出來看。

有一次正在上數學課，當老師面向黑板寫例題時，大牛又開始拿出武俠小說來看，老師轉過身來講課時，發現大牛又在看課外讀物，於是靜靜拿起一支長長的粉筆，對準大牛射去，並大聲說：「看鏢」，這時大牛正看小說看得入神，小說中正好有兩位俠客用飛鏢射來射去，因此大牛突然聽到「看鏢」二字，立刻回說：「躲鏢」，同時躲到書桌下面去。

沒想到老師射出的粉筆竟然穿過窗戶飛向走廊，說也真巧，這時校長和教務主任恰好在這個時候查堂走到這裡，看到一支粉筆咻的飛出窗外，校長立刻說：「接鏢」，同時用右手拇指和食指一捏，輕輕鬆鬆就把老師射出的粉筆飛鏢接住了。

想不到校長也是一位武功高手啊！於是全班學生看到：

「看鏢！」——老師射飛鏢。

「躲鏢！」——學生躲飛鏢。

「接鏢！」——校長接住飛鏢。

這樣精彩的演出，全班忍不住哄堂大笑，有人幾乎把肚皮笑破了。

這時正是上課時間，校長看看老師彼此相互微笑示意就走了。下課後老師到辦公室，校長詢問老師到底是怎麼一回事，老師說：「那個學生名叫張大牛，本來品學兼優，最近迷上故事書後一切行為與成績都退步，今天上課他又偷看武俠小說，因此跟他開個小玩笑。」

校長知道事情的源由之後，利用下課時間，透過校內廣播系統，要張大牛立刻到校長室。這時沉迷在武俠小說中的大牛聽到廣播，幾乎嚇出一身冷汗，腳不停抖動，趕緊商請班長一起陪同到校長室。到了校長室看到級任老師也坐在校長旁邊，緊張的情緒稍稍緩和了，但還是很不安，見了校長就說：「校長我不敢了。」校長說：「我又沒有說你做錯了什麼，你怎麼就說不敢呢？來，坐下來說，不要緊張，聽老師說你很聰明、很喜歡看課外讀物，這是好事，但是看課外讀物必須謹慎選擇，同時也要在不耽誤課業的時候才看。……」

聽完校長的話，大牛深自反省，老師同時與大牛的爸爸媽媽聯絡，說明今天在校的情況，從此之後，大牛恢復從前的行為舉止，又是一個品學兼優的好學生。

教養心配方

本篇故事改編自學生分享的一則小笑話。學生熱愛閱讀課外讀物，其實是件好事，不過上課不聽課卻私下閱讀課外讀物，就必須立刻糾正，此風不宜長。糾正的方式不必用處罰的，教師不妨用說故事的方式，用生動有趣的方式提醒學生何種行為應是適宜的，或許收到的效果會更好！

2.歪打正著

三國時期，有個很有才智又孝順父母的人，名叫徐庶，他是蜀國劉備的智囊團，曾立下很多功勞。曹操知道了想重用徐庶，讓他為自己效力，又知道徐庶是個孝子，便派人強行把徐庶的母親騙到曹營，並逼迫徐庶的母親寫信給徐庶以作威脅。徐庶接到母親的信，既擔心又難過，一方面捨不得離開待他很好的劉備，但是另一方面為了母親的安危卻又不得不離開。

徐庶預知到了曹營後，奸詐的曹操一定不會讓他離開，因此行前他告訴劉備：「伏龍鳳雛兩者得一，天下可定。」意思是只要劉備得到兩位人才，一定可以統一天下。所謂伏龍，就是指孔明（諸葛亮），鳳雛則是龐統（龐士元），伏龍、鳳雛是他們二人的號。

徐庶走後，劉備便計畫前去拜請孔明幫忙，為了表示誠意，數次親自帶著張飛與關羽一起前往臥龍崗，卻三次都吃了閉門羹，這就是有名的三顧茅廬。詳情如下：

由於孔明有未卜先知的本領，因此劉備一行人要來拜訪時，他早已神機妙算知道了。為了測試劉備的誠意與耐心，孔明人雖在家，卻故意吩咐書僮，等劉備到達時，告訴他：「先生不在家。」當劉備來到時書僮果然照著孔明事先的吩咐，客氣的轉告劉備請他三天之後再來，劉備一口答應，但是在一旁的張飛卻氣得肚子快要爆炸了，臉色很難看，只是不敢作聲。

三天後，劉備一行人再次到茅廬拜訪，這回書僮說：「先生訪友去了。」張飛又是氣得眼冒金星，不停發牢騷，但被劉備制止，告訴張飛不得無禮。到了第三次，劉備再到茅廬拜訪時，書僮這回終於說：「先生在家，不過正在睡覺。」劉備不想驚動孔明，於是很有耐心地靜靜等候，可是張飛再也忍不住了，滿臉鐵青、暴跳如雷地說：「我們主公是個好人，看得起你孔明，才不辭辛勞，三番兩次親自來看你，想不到你孔明如此傲慢不理我們，你再不出來，我老張放一把火把你幾間爛茅房燒了。」

兩個書僮慌慌張張跑去報告孔明說：「先生不好了，那個聲音如雷的大鬍子張飛嚷著要燒房子！」

孔明笑笑地說：「老粗就是老粗，我今天倒要考考你。」說罷要書僮轉告劉備，他要考考張飛，如果張飛能通過考試，自己就無條件下山幫助蜀國。

劉備聽後覺得一切都完了，他知道張飛是個大老粗，脾氣又壞，如果考二弟關羽還差不多，但是孔明很堅持，張飛絲毫不畏懼。於是，張飛跟著書僮去見孔明。

一見到孔明，張飛便急著問：「要考什麼？寫字我可不行。」

孔明說：「我知道，不要你寫，也不要你說，因為你說話不但不好聽，而且很嚇人。」

張飛狐疑一問：「那要考什麼？」

孔明說：「很簡單，我們是要用手比的。這裡有兩張椅子，我們兩個對面坐，我用手比一個題目，你用手比出答案，總共只有三題。」

張飛聽完摸摸頭，感到好奇怪，心想戰場上比武，緊張刺激，輸者人頭落地。今天孔明到底在玩什麼把戲？

不一會兒，孔明說：「張先生請坐！要開始了。」張飛糊裡糊塗地坐在孔明對面，於是孔明開始比出第一題。他首先伸出右手，比出一個食指，張飛想也不想就隨意伸出三個指頭回應，孔明微笑點點頭，表示很滿意；接著出第二題，孔明伸手比了二個指頭，張飛猶豫了一下，隨手比出四個指頭，孔明再次點點頭，顯得更滿意的樣子；接著出第三題，孔明用右手摸摸左手肘的袖子，接著用左手摸摸右手肘的袖子，想不到張飛毫不猶豫，立即站起來，挺起大肚子，隨即雙手摸摸自己的大肚皮，這一摸，孔明頻頻點頭，感到非常滿意，同時站起來向張飛握手道賀說：「恭喜，恭喜，想不到你粗中有細，能武能文，我答應下山幫助你們兄弟，打敗魏國、吳國。」張飛感到一頭霧水，不知如何回答，只能立即先退。

孔明立即請書僮帶劉備入座，並說：「看不出你三弟能文能武是個全才，他今天考一百分，我願意下山幫助你們兄弟一統天下。」劉備自是非常高興，但是想不通張飛一下子怎麼變得那麼聰明，於是就問孔明給張飛考的是什麼題目？

孔明說：「我考你三弟是用比的，只有三個題目，第一題我比一個手指表示『天下一統』，他回應則比出三個手指表示『三國鼎立』。第二題我比兩個手指表示『兩面夾擊』，他比四個手指表示要『四面包圍』。第三題我用手摸衣袖，表示『袖裡乾坤』，他用雙手摸肚子表示『滿腹經綸』。」

劉備聽後向孔明道謝，與孔明約好下山時間，準備三兄弟一起迎接。與孔明辭別後，劉備見張飛在等待，似乎有點不耐煩，看看四下無人，便問張飛孔明考了些什麼題目。於是張飛說：「大哥不要再提啦！想起來就生氣。過午了，肚子又餓、口又渴，什麼招待都沒有，他問我：『一個饅頭夠吃嗎？』我說：『不夠，最少要吃三個。』他又問：『兩個可以嗎？』我馬上說：『不行，我要吃四個。』沒想到他說：『吃不完不能藏在袖子裡帶走。』我回他：『那有什麼問題，我通通裝在肚皮裡不就得了！』孔明先生說我答得很好，可是我連一口饅頭都沒有吃到，真是氣死我啊！」

教養心配方

本篇故事改編自某停刊晚報的一篇短文。歷史故事既能培養學生歷史知識，歷史人物的性格與故事情節又富教育意義。教師若能自行改編故事，並用對話的方式「演」給學生看，相信學生都會聚精會神地聽，連眼睛都會亮了起來呢！

3. 學武功

從前有位名叫小華的小朋友，家中有爸爸、媽媽和妹妹共四個人，他們住在交通不便的鄉下，雖不富裕，但一家和樂融融、幸福美滿。不幸的是，有一天爸爸外出經商，行經一條山區小路時，突然下起傾盆大雨，山洪暴發，土石流有如天崩地裂一樣的往下沖，從此小華的爸爸再也沒有了音訊。

小華和媽媽、妹妹日日夜夜都思念著爸爸，可是一直得不到一點好消息，媽媽只好去做雜工來維持一家人的生活，慶幸的是，小華和妹妹都很乖巧，學業成績也很好，放學回家後都會自動幫忙媽媽做家事，深得大家的稱讚。但是學校有幾個頑劣的同學，卻對他們兄妹倆看不順眼，常常藉故欺負他們，罵他們是沒有爸爸的孩子，讓兄妹兩人是既傷心又氣憤。

小華將在學校的遭遇告訴媽媽，媽媽總是要他們忍耐，不和同學計較。

想不到那些壞孩子認為他們兄妹倆軟弱、好欺侮，更是變本加厲，有天竟然故意將他們擠落到路旁水田中，害得兄妹兩人衣服濕透了，還帶著黑黑的爛泥。壞孩子們眼見搗蛋成功，得意地揚長離去，留下難堪的兄妹，又氣又傷心，小華心想要是爸爸還在，他們絕不敢如此放肆。

回到家，小華忍不住向媽媽哭訴，說他再也忍受不了啦，他已經十一歲了，因此下定決心要去少林寺拜師學武功，如果有一身好功夫，這些壞人再也不敢欺負他。媽媽看小華意志堅定，雖然不捨更不放心，但經不起小華的苦苦哀求，最後勉強答應，她要小華一路小心，並為小華準備好幾件衣服、一些乾糧和小錢，行前媽媽一再叮囑小華要小心，妹妹也含著眼淚向小華說：「哥哥學好功夫要回來保護我和媽媽！」小華也忍住眼淚回答說：「一定會，妳放心！」

在媽媽的叮嚀和妹妹的祈盼之下，小華於第二天清晨便往少林寺前進。由於沒有任何車輛可供搭乘，他必須一路苦行，路又不熟，真不知道要走多久才能抵達少林寺，但是心意已決，小華只能勇敢向前行。太陽快下山的時候，看到有人家就向人借宿，當大家了解他的遭遇後，都會免費供他吃住，離開時有人還送他銀錢乾糧；如果到了傍晚見到有廟宇，就借住寺廟，有和尚或尼姑的寺廟也會熱心幫助他，讓他過夜，並為他念經祈福；如果是沒有僧侶的小廟，他也會跪拜菩薩請求保護，請神仙可憐他這個苦命人，等待天亮時繼續趕路。

經過辛苦的步行，一天太陽將下山時，小華終於抵達了少林寺前，這時精疲力盡的小華看見有數位小和尚正在寺外打掃環境，立即雙腳跪地，並大聲喊：「拜見圓通老師父！」把幾個小和尚嚇一跳。

小和尚問：「要見老師父做什麼？是要出家做和尚嗎？」

小華說：「不！我是要跟師父學功夫。」

小和尚說：「老師父不會功夫。」

小華說：「少林功夫天下第一，你們不帶我去見老師父我就一直跪在這裡。」

小和尚說：「晚上有老虎。」

小華回答道：「就讓老虎把我吃掉好了！」

小和尚見小華意志堅決，只好把小華的來意稟告老師父。出家人慈悲為懷，老和尚了解小華的心意後，要小和尚將小華帶進寺中見他。進入了寺內，小華見老和尚正盤著雙腿打坐，立刻跪下，只見老和尚微閉雙眼，不發一語，小華又累又餓卻不敢出聲，跪了三個多小時快要支持不住了，老和尚才微微睜開眼睛說：「小施主請坐，聽說你從很遠的地方千辛萬苦跋山涉水來見我，不知要做什麼？」

小華見老和尚有話問他，高興得連磕三個頭後才結結巴巴地說：「老師父，我要學武功。」

老和尚說：「不要緊張，有話好好講，我們出家人不會武功。」

小華說：「我辭別了家中的媽媽和妹妹，從很遠的地方來到這裡，途中差點被老虎吃掉，也差點累死掉，如果師父不收我為徒，教我武功，我就要……」

這時老和尚立刻制止小華繼續講下去，同時口念：「阿彌陀佛！善哉！善哉！」並問小華：「有三件事，也算是三個條件，不知道你能不能做到？」

小華立刻叩頭回答：「謝謝師父，三個條件太少了，三百個我都能做到！」

於是老和尚說：「第一個條件要『服從』，我和師兄們要你做什麼，你就去做，不能問理由。第二個條件要『吃苦』，任何事不能因為太難或太苦就不做。第三個條件要『心善』，任何不善的事都不能做，學武功是要強身助人，不能欺負別人。」

小華聽完以後高興得又向老師父叩了幾個頭後說：「謝謝師父，在家媽媽叫我往東我不會往西，在學校老師叫往南我不會往北；我家窮，所以我很能吃苦，只要有東西填飽肚子就好了；做事方面，挑水、砍柴、洗廁所等等我都能做，只要不叫我上刀山、跳火坑就好了；行善方面，我和妹妹一直都被人欺侮，我媽媽總是要我和妹妹一直忍耐……」

老和尚看著話越說越快的小華說道：「很好！你一定很餓了，小師兄帶你去吃齋飯，安排你住的地方，明天開始你到廚房去幫忙煮飯，會有師兄帶你去。」老和尚話一說完，小師兄立刻帶小華離開老師父的禪房。

隔天，師兄帶小華到廚房，當小華看到那大鍋大灶真是嚇一大跳，那口鍋又深又大，簡直像一個小水池，小華分派到的工作就是用鐵製大火鉗夾起乾木柴不斷往灶裡丟，看似簡單，其實非常累人，每次煮好一餐飯，小華累得幾乎快抬不起手來了。尤其是夏天，好像在烤乳豬，如果忘了多喝水，恐怕會被烤成人乾了；不過冬天就好過多了，屋外下雪，室內就像個暖爐；夾柴燒火的工作，也因熟練而漸漸感到輕鬆。

這一天，小華掐指一算，這來到少林寺拜師學武已經三年，師父從未教過打一拳或踢一腳，只叫我在廚房裡燒火，真有一招叫「燒火功」嗎？

越想越不對，於是硬起頭皮去見師父，對師父說：「師父！我是來學武功的，可是師父從來未教我打過一拳或踢一腿。」

師父回答道：「好！明天起換一招。」

小華高興的說：「謝謝師父！」

沒有想到，師父接著說：「從明天起我請兩位師兄照顧你，你到寺旁挑棵挺直又不太粗的樹，雙手拇指和另四指張開，環握樹身上下移動不停地摸，如有不懂師兄會教你。」

正當小華還在蹙著眉遲疑猶豫時，師父立刻義正詞嚴地說：「三個條件……」

小華立刻回答：「服從、吃苦、心善。」

於是第二天一早，師兄便帶著小華到寺旁挑一棵直徑約十多公分直樹，要小華照師父吩咐摸樹，樹皮粗、手皮嫩，小華摸不到幾下就手流血，痛得哀哀叫，小華用哀怨求救的眼神看師兄，師兄卻假裝沒看見。小華心想，少林寺那麼有名，老師父卻用從未聽過的怪招整人，對當年一時衝動長途跋涉到少林寺拜師學武，還真有點後悔，但是又想：如果現在回家，除了會被仇人笑，對媽媽和妹妹又將如何交代？想到此便忍痛繼續，受傷了便由師兄擦藥治療，第二天再繼續。慢慢地，手不痛了，樹也被摸得光溜溜的，師兄要他換一棵樹再摸；如此又過數年，小華才發現好多樹都被他摸到沒有皮，自己的手心也彷彿變成連刀子都割不破的膠皮。

這一回小華又開始想，真猜不透老師父想的是什麼怪主意？如果回家以後媽媽與妹妹問我這些年學會什麼功夫，自己答：「我會煮飯與摸樹，家人一定不會原諒我的。」不得已只好硬著頭皮再去見師父。

師父看到小華不待他開口，便已知道小華的來意，於是師父說：「明天起換另外一招。」小華心中大喜，心想：師父！這回是要教我打拳踢腿了吧！沒想到師父說：「接下來要教你一招新招，明天起請兩位師兄幫你的忙，到果菜園採幾擔的瓜果，如柚子、香瓜、哈蜜瓜、東瓜、西瓜、南瓜、北瓜、笨瓜、傻瓜等等，採好後挑到中庭，無論是橫是直，每隔一步就擺一個瓜。」

小華問：「師父要曬瓜乾嗎？中庭石板地濕又少陽光，是曬不乾的。」

師父說：「不是要曬瓜乾，是要你像走梅花樁一樣，踩著那些瓜走路。」

小華聽後嚇得手腳發抖，滿臉發白，結結巴巴的說：「師父，我要學真功夫，我不要學怪招式。」

師父這回口中又唸道：「服從、吃苦、心善。」小華唉了一聲，便不再說話。

隔天，小華隨師兄到瓜園採集了數擔瓜果到中庭，他依師父所說將瓜果排好，開始練習走瓜，小華抬起腳往一顆柚子一踩，柚子滑走了，頓時跌成四腳朝天，後腦長出一個大包包；爬起來再一腳踩西瓜，西瓜太成熟碎掉了，身體往前一滑跌成一個狗吃屎，前額又腫起一個大包。

小華摔得頭昏腦脹，但身旁有師兄監督，既不能停止也不能偷懶，練習幾小時後，小華跌得鼻青臉腫，不成人形，師兄幫小華擦藥按摩，第二天補充壞掉的瓜果後繼續練習，說也奇怪經過一段時間的練習後，小華竟然身輕如燕，在瓜果上走動來去自如。

這一天晚上夜深人靜時，小華回想自己已離家多年，當年受人欺侮，一時氣憤，千辛萬苦到少林寺拜師學功夫，好保護母親妹妹及自己，想不到除了偷看師兄練武偷學一點外，只學會煮飯、摸樹、走瓜三招怪功夫，另一方面又非常想念媽媽和妹妹，不知道他們會不會被壞人欺侮？無奈的嘆了一口氣，便在心中決定要回家，第二天鼓起勇氣去見師父。

小華對師父說：「弟子來少林寺多年，只學了煮飯、摸樹、走瓜三樣怪招，心中非常想念母親和妹妹。」

師父問：「你想回家嗎？」

小華點了點頭，想不到老師父竟不為難，叫人為小華準備一些盤纏，隔天就送小華下山。

想不到從前欺負小華的那些壞人很快的就聽說小華下山的消息，他們猜想小華到少林寺多年一定練成一身好武藝，因此決定用暗器把小華在半路中解決掉。

小華經數日行走，一天中午到達一個驛站，看見一家戶外小麵攤，便停下來進餐休息。當他舉起筷子正準備要吃時，突然聽到「咻」的一聲，有東西從他前面飛來，小華舉起筷子輕輕一夾就接住了，順手往桌上一放，原來是一支鋒利的飛鏢，此時背後「咻」的一聲又飛來一鏢，小華頭也不回用筷子往後面輕輕一夾又接到一鏢。

小華想不通是誰想要暗殺他，更沒想到自己居然可用筷子輕輕地把飛鏢接住。這時壞人詭計不能得逞，一下子都溜走了，一同吃飯的人都一起拍手叫好，驚嘆小華居然有這樣好的功夫。

小華吃完麵繼續趕路回家，希望很快就能見到朝夕思念的媽媽和妹妹，方才的壞人則比小華更急速地趕回家埋伏，他們對於剛才由飛鏢高手射出的鏢居然能被小華輕輕鬆鬆地接住，感到又氣憤又丟臉，馬上召開緊急會議商量對策，大家覺得小華再厲害也只有一個人，等他回到家時，到時候派出七、八位武林高手把他團團圍住，看他有多厲害，恐怕他插翅也難飛！幾個壞人想到等等就會上演一場好戲，都忍不住發出狂笑。

隔天傍晚，小華走到靠近家中附近的一個廣場，見到舞臺上正有一場戲劇在演出，臺下也有很多人在看戲，但自己因過度想念媽媽和妹妹而無心看戲，只想趕快回家。正當要轉頭時，突然有七、八個武功高強的壞人把他一下子圍住，其中一人說：

「小華，你去少林寺學武功多年，人也長大了。沒想到你真厲害，居然把我們百發百中的飛鏢用筷子就給接住了！可是你再怎麼厲害，現在再也逃不掉了，等我們收拾你，再通知你媽媽和妹妹來幫你收屍吧！」

小華眼看四周圍著七、八個彪形大漢，個個身強體壯，面目猙獰，心想這回死定了，差點哭出來，用哀怨的聲音向壞人懇求說：「自從我爸爸不幸遇難後，你們就一直欺負我和妹妹，現在大家都長大了，你們還是不放過我，原來要殺我的飛鏢也是你們射的，我與你們無冤無仇，為什麼要這樣對付我？其實我什麼功夫都沒有學，我只會燒火、煮飯、摸樹、走瓜，你們真非打我出氣不可，也等我見過媽媽和妹妹再說。」小華說完，換來壞人們一陣狂笑，這時有位性急的壞人大吼一聲，揮出猛拳對準小華胸部打去，小華一時來不及躲，只用雙手往前一摸……

「唉喲！」壞人發出一聲慘叫，原來是壞人手臂上的肉被小華摸掉了，另一壞人不信邪用腳向小華一踢，小華再用雙手一摸，壞人的腳肉也都不見了。

這時廣場中人山人海，有人驚呼這是什麼怪武功？不禁嘖嘖稱奇。

只見壞人們一個個慘叫哀嚎，小華看到壞人的慘狀，感到莫名其妙，又不想再繼續傷害人，一心只想趕快回家，但廣場中滿滿的人海，想學老鼠從人群腳下鑽出去是不可能的。這時小華抬頭往群眾頭上望過去，一顆顆的人頭倒像一大片柚子、東瓜、西瓜、笨瓜、傻瓜，於是往上一躍，踩著眾人的頭，輕易走出重圍。這草上飛的「輕功」，讓群眾看得是目瞪口呆。

小華回到家門口，乒乒乓乓地大力敲門，一再呼喊著媽媽和妹妹，開門一看，終於看到了朝思暮想的家人。這時候門外來了幾個警察，說要將小華帶到警察局裡問話作筆錄，因為壞人欺侮小華，必須受到應有的處分，但小華也傷害了別人，因防衛過當也應接受法律的處罰。自此之後，再也沒有人敢再欺侮小華一家人了！

教養心配方

本篇故事改編自筆者兒時聽來的故事。講完故事後會問學生，想不想像小華一樣武功高強？要不要假日跟爸媽去爬山時練練「摸樹功」？你媽媽買水果回來，要不要也來練習「走瓜功」？這時學生通常都會大笑！這篇故事不僅情節緊湊，小華的遭遇更能培養孩子面對挫折時的處理與忍受力，此外，結局最後也告訴孩子，凡是使用暴力對待他人的人，都必須接受法律的制裁。

4. 吳師父

吳師父，名至生，廣東省普寧市梅林鎮客家人。我十幾歲時拜吳師父為師，學習少林拳，當時他已經是個六十多歲的老人了，但是身體很好，無論天氣多冷，身上也是薄衫一件，睡覺時棉被從不蓋腳。吳師父耍起拳來虎虎生風，全身柔軟度很高，就連一般的年輕人也無法望其項背。

吳師父的心地很好，會拳術也懂傳統中醫，時常免費用草藥幫窮人治病，所收弟子的學費也是各人隨意，從不計較金錢。

當時從梅林山區到梅塘鎮所走的是一條狹窄的難行山路，有一次，有十幾個壯漢到靠海的市鎮買鹽，當他們每人挑著兩布袋的鹽走著山路回家時，恰巧迎面而來的是一位挑著兩捆乾柴回家作燃料的年輕農婦，真是冤家路窄，當他們側身交錯而過時，婦人雖然小心翼翼，乾樹枝還是刺破了一位壯漢的裝鹽布袋，農婦一再地賠不是，那位壯漢還是大怒，要求農婦拿針線縫補，並要賠償他的損失。這時吳師父碰巧也路過此地，好心的吳師父毫不遲疑地幫農婦向壯漢們求情，吳師父說：「此地是荒山野嶺，哪來的針線？你們就原諒她吧！想辦法綁一綁，只要鹽巴不外漏就可以了。」

想不到吳師父此話一出，立刻引起壯漢勃然大怒，並把怒氣轉向吳師父，怪他狗咬耗子多管閒事；吳師父一再道歉說盡好話，壯漢們就是不肯罷休，作勢要教訓吳師父。吳師父見衝突難以避免，心想自己一個六十多歲的老人，功夫再好也無法一次抵擋十幾個年輕壯漢，只好眼觀四方，邊講好話邊後退，突然發現身後有一條深溪，溪上只有一座窄橋可以通過，吳師父心中暗喜，年輕人再多也只能一個人上橋，主意拿定，放下包袱，往橋頭一站，面向年輕壯漢，還是用溫婉慈祥的口氣向他們說好話，可是年輕壯漢還是不肯罷休。

這時吳師父生氣了，鐵青著臉對十幾個年輕壯漢以嚴厲口氣大聲說：

「你們這些年輕人，一點慈悲心都沒有，因一點小事不肯原諒一個農家婦女，我只幫她求情說幾句好話，你們就對著我來，真是豈有此理，如果你們認為打我一頓才能消氣的話，那就放馬過來吧！」說完，吳師父擺出守勢的「撟手」架勢，睜大雙眼瞪著年輕人，有一種威不可犯的樣子。

年輕壯漢都學過功夫，有一個自認武功高強的，一馬當先向前，伸出雙手，手心向下往吳師父雙手一壓，吳師父趁勢兩手一拉，同時右腳前進一步，雙手往左側輕輕一甩，就把壯漢丟到溪裡去了，溪裡水不多，但是有很多大大小小的石頭，只見壯漢跌得鼻青臉腫，唉呀！唉呀！叫不停，爬都爬不起來。第二位壯漢不信邪，接著向前，用蠻力把吳師父環腰一抱，想把吳師父推下溪去；吳師父已是六十多歲的老人，被壯漢猛力一抱，一時失去重心，跌坐橋上，沒辦法只好抬起右腳往壯漢左腳輕輕一踢，壯漢左腳膝蓋立刻歪掉，痛得雙手抱膝哀嚎。

其餘幾人都被嚇得一身冷汗，再沒有人想被丟到溪底或踢歪膝蓋，大家只靜靜的看著吳師父。吳師父起身後，走向被踢歪膝蓋的壯漢，幫他把膝蓋轉回原位，並從包袱中拿出草藥，要傷者的同伴回家後幫兩位傷者治療，同時告訴那些年輕人，做人要有慈悲心，要幫助別人，不能仗勢欺負老弱。幾位壯漢聽了都相當慚愧，於是協助兩位傷重的同伴趕緊離去了。

教養心配方

我讀幼稚園的小孫子很喜歡聽故事，曾經唸了很多中外童話故事給他聽，也幾乎講光了腦海中所儲存的故事；而「吳師父」這個故事，是一個真實的故事，因為小孫子特別喜歡聽，每次都要我講「續集」給他聽，不得已之下塑造另外一個刀槍不入，能飛簷走壁，發出掌心雷颳起龍捲風，協助警察打擊罪犯，捉拿小偷的老俠吳師父。有時候故事說了一個孫子還要聽下一個，只好邊講邊想，短的講十分鐘，長的講半小時；講故事的地方，有時在客廳，有時在床上，有時在車上……。目前已經講了四、五十集，未來也許可以為吳師父的故事寫成一本小書吧！

5. 有 鬼！

民國四十八年前後，軍隊駐紮金門東沙，我擔任砲兵連輔導長。夜晚單獨一個人，住在一個看來不很堅固的碉堡中，這碉堡築於海邊的一個矮山坡，四周都是墳墓；碉堡有一個大窗戶，但沒有窗門，前有一條壕溝通往砲兵指揮所。

當時門前戰壕正巧挖到一個棺木，棺木的一頭破了一個洞，我養了一條土狗小花就住在棺木中。碉堡內有一張上下雙層的單人木板床，上層存放一些軍衣軍帽之類的補給品，下層是我的睡床，還有一張小辦公桌和一個用木板蓋住的小地洞，夜晚門外碉堡的牆上爬滿了數不盡的蟑螂。

我才報到數天，就發生一次比八二三落彈數還要多的激烈砲戰，此次砲戰的起因是美國總統艾森豪到臺灣訪問，砲彈落下時天搖地動，聲震雲霄，擊中的房屋必定屋毀人亡，當時的氣氛要說不緊張，那是騙人的。

我這一連的指揮官陳先生與營部連絡時為了舒緩大家緊張的情緒，不忘穿插一些玩笑話，連長于先生也特別加強勤務，晚上除了各要點有哨兵，還要班（砲）長帶班，軍官巡查，軍官全連只有連長、副連長、輔導長、觀測官四人，所以每位軍官每晚都要輪值兩小時。

有一天晚上我輪到深夜十二時至凌晨二時的班，那天天氣很冷，我一聽到有人叫換班，立刻起床用火柴點煤油燈照明，著好裝，綑好子彈帶，一手持卡賓槍，另一手從上層床拿一頂上頭尖形、兩邊可遮住耳朵的防風沙棉帽往頭上戴好。正要出門時，突然頭上輕輕的搖動，往上看什麼也沒有，自己頭搖一搖也不見有什麼異樣，一停止不搖頭頂又在動。

平時自己認為膽子很大，對虛無之物不會害怕，但是此時天烏地暗，四周都是墳墓，敞開大窗戶的居室只有一個人，一盞小燈和一群蟑螂，離指揮所約五、六十公尺，就算大叫救命也不會有人聽到。一時心毛毛，抓起帽子往地上用力一丟——這下真相大白，自己忍不住地笑了出來，幸好沒有叫救命，不然臉可丟大了，真相是什麼，請猜一猜！

原來是一隻小老鼠躲在棉帽內部頂端。

教養心配方

對於孩子而言，鬼故事總有股又愛又怕的魔力。其實課堂中，由老師分享親身經歷的經驗、旅遊見聞、生活趣事等等，對於學生而言，都是一種最深刻的情意教育，這往往有別於課堂中的知識教育，卻往往對孩子造成的影響更大！

致謝

首先感謝教育部吳清基部長親函給予本書支持及鼓勵，臺北市政府教育局康宗虎局長、清華大學李家同教授、臺灣大學應力所吳政忠教授更是親自撰文推薦，肯定零體罰的教育理念。

其次感謝行政院公平交易委員會張志斌科長對本書提供許多卓見、臺北市中山女高易怡玲、協和工商游欣儀等老師協助完成學生受罰原因及情形的取樣調查、以及臺北市永春國民小學吳美慧校長協助拍照。

此外，要感謝一些傑出校友為文支持，除了本書中收錄的幾位校友文章外，由於文章無法一一列於書中，因此謹在此表達我的謝意，他們是：長庚

黃老師與永春國小吳美慧校長、傑出校友合照。

醫院牙科醫師吳文哲、長庚大學講師鍾芬芳、合作金庫銀行領組黃愛茹、在美留學的蔣依璇、科技公司人力發展部經理張素華、執業律師涂予尹，以及臺北市仁愛國小教師馬玉英等。

——謹以此表達我最誠摯的謝意！

推薦｜閱讀

【LIFE系列】

養出有力量的孩子（含冥想練習有聲CD）

王理書／著

父母之路，也是修行之路。在陪伴孩子成長的歷程裡，
我們與生命更靠近，我們越來越完整而成熟……

有別於一般親職書羅列各種有效管教孩子的技巧與方法，在本書中，作者以長年擔任親職輔導者和身為母親的融合角色，分享縝密整合後的親職理念，以及自身真實發生的親職故事。作者記錄親職生活中的點點滴滴，親子間的對話有著生命的真實與純粹，讀來令人溫暖、感動、省思與成長。

沒有任何一本書能給父母教養孩子的標準答案。回歸到愛的方式，就是最有力量的教養之道，誠摯地邀請您一同進入這場豐盛的親職之旅！

【LIFE系列】

會做人，才能把事做好

王淑俐／著

「人」只有兩撇，寫起來簡單，做起來難！

想成為人氣王？讀完本書，保證打開人際溝通的任督二脈，讓你人際魅力百分百！

想成功領導團隊？將本書當作個人進修的讀物，可以預防及化解工作上不必要的人際紛爭，增進團隊合作！

想要情場得意？與情人分享本書，除了可以讓彼此更瞭解對方，更能使感情加溫！

本書包括四大溝通主題：會做人之必要、溝通技巧實作、職場倫理與溝通、兩性相處與情愛溝通。內容兼具理論基礎及實務經驗，自修、教學兩相宜。讓您一書在手，從此困惑全消、茅塞頓開，化身溝通人氣王。

E系列】

時間賽跑——擺脫瞎忙的40個法則

俐／著

一本自己與內心對話，與時間共處的管理書，
讀者從計劃「理想的一天」，進而經營「理想的一生」。

麼是時間管理？時間又該怎麼妥善運用？在一陣「瞎忙」之後，還是一事無成嗎？本書作者從觀念與行為兩大主題著手，先從時間管理的概念談起，再說明如何將時間做有效率的安排，讓您輕鬆掌握時間管理的奧祕，擺脫終日忙、茫、盲的窘境，化身為時間管理的高手！

【LIFE系列】

從常識到智慧——生活8X5

鈕則誠／著

生活並非一帆風順、水到渠成的動靜，
而是起伏不定、柳暗花明的風景。

本書係作者八年來所出版的第四本哲理散文，目的在為安頓人生而著。全書分為八章，每章五節，共得四十篇生活隨筆，每篇次第闡述現代人生活中最切身的生命課題。作者從小接受儒學的思想教化，中年為還願皈依佛教，但始終嚮往道家的人生境界。在本書中，作者借用佛教和儒學的一些「話頭」，用以開展道家式常識之見，並以清晰流暢的文字，化中國哲學智慧於簡單易行的生活實踐。願讀者讀完本書後反身而誠，回頭認真解讀自己生命這本大書，讓人生變得更清明寬廣。